接待的艺术

（史小东）编著

台海出版社

图书在版编目（CIP）数据

接待的艺术 / 史小东编著 . — 北京：台海出版社，
2023.11

ISBN 978-7-5168-3666-8

Ⅰ.①接… Ⅱ.①史… Ⅲ.①礼仪—基本知识—中国

Ⅳ.① K892.26

中国国家版本馆 CIP 数据核字 (2023) 第 191776 号

接待的艺术

编　　著：史小东

出 版 人：蔡　旭　　　　　　　策划编辑：刘慧滢
责任编辑：姚红梅　　　　　　　封面设计：韩海静

出版发行：台海出版社
地　　址：北京市东城区景山东街 20 号　　邮政编码：100009
电　　话：010-64041652（发行，邮购）
传　　真：010-84045799（总编室）
网　　址：www.taimeng.org.cn/thcbs/default.htm
E-m ail：thcbs@126.com

经　　销：全国各地新华书店
印　　刷：三河市燕春印务有限公司
本书如有破损、缺页、装订错误，请与本社联系调换

开　　本：710 毫米 ×1000 毫米　　1/16
字　　数：158 千字　　　　　　　印　　张：15
版　　次：2023 年 11 月第 1 版　　印　　次：2023 年 11 月第 1 次印刷
书　　号：ISBN 978-7-5168-3666-8

定　　价：59.00 元

　　接待工作是为企业经营活动提供服务保障的工作，是企业实现多层次、多方位的对外交流合作的桥梁和纽带，对于展示企业形象、树立企业品牌、提升企业的知名度和美誉度具有重要意义。从这个方面来讲，接待工作不仅是一项迎来送往的事务性工作，还是一门既要眼观大局又要把握细节的艺术。

　　接待工作的服务性质要求它必须遵循相应的礼仪规范。中国自古以来就是礼仪之邦，因为礼仪反映了社会的文明程度、道德风尚。孔子曾指出，"礼也者，理也""不学礼，无以立"。由此可以看出礼仪的重要意义。

　　具体到接待工作，礼仪既是企业文化、企业精神的重要内容和企业形象的主要附着点，也是接待人员的思想道德水平、职业素养、文化修养、交际能力的体现。在接待工作中，着装整洁大方、言行真诚庄重，给人以良好的形象和气质印象。如果保持良好的礼仪，就能恰到好处地处理事情，还能让人感觉如沐春风。

　　接待人员作为企业对外交流的窗口，服务对象非常广泛，包括政治、经济、文化、科技等各个领域的人士，必须要求接待人员具备较高的综合素质，掌握较为广博的知识。

在分工精细的现代社会，接待工作又有很强的专业性，要求接待人员具备很好的专业素养，全面把握、深入了解有关接待的专业礼仪知识。在开展工作时要遵循接待礼仪规范，遵守相关的规矩和制度，做到服务、办事心中有数，懂得什么事能做，什么事不能做，什么事怎样做。

本书正是为了帮助广大接待人员提高接待礼仪素养，从而更好地做好接待工作而写。全书内容共分为八章：第一章讲了接待工作的重要意义、特征以及做好接待工作的基本准绳、接待人员的素养；第二章讲了接待人员在着装、仪容仪表仪态等方面的礼仪规范；第三章涵盖了接待程序的各个环节，如称呼、握手、引导等内容；第四章讲了会务、调研、签约等不同接待内容，包括合影、住宿安排、馈赠礼品等细节规范；第五章讲了接待工作中的沟通礼仪，阐述了如何听、如何说、如何写才能与被接待者进行更好的沟通；第六章讲了外事接待的饮食预备工作，分享了我国的菜系文化、传统饮食文化、民间饮食风俗等内容；第七章讲了接待宾客的宴会礼仪常识，如菜式定制、座次排序，如何布菜、祝酒等；第八章介绍了涉外接待工作应该遵守的礼仪规范，它在一定意义上反映着一个国家的文明、文化和社会风尚。

本书主要面向各领域商务往来中的广大接待工作人员，全面、系统阐述了接待礼仪的相关知识，具有很强的针对性、实用性和可读性，是一部体系完备的礼宾接待工具书。

希望本书的出版能为广大礼宾接待工作者提供有益借鉴。不足之处，敬请指正。

>>> 目 录
CONTENTS

◎ 第一章

小中见大：接待工作无小事

举足轻重：接待工作的重要意义 / 2

别有特点：接待工作的特征 / 5

四个原则：接待工作的基本准绳 / 8

用心用情：接待是一门艺术 / 11

素质提升：接待人员的素养 / 14

◎ 第二章

形象名片：接待人员的着装、仪容仪态

正装七件：男士正装礼仪 / 18

优雅大方：女士正装礼仪 / 22

1

服饰礼仪：遵原则避禁忌 / 24

增光添彩：饰物的得体佩戴 / 28

仪容仪表：社交第一形象 / 33

仪态礼仪：优雅的"体态语言" / 37

无声语言：表情礼仪两要素 / 42

◎ 第三章

接待程序：按部就班有规范

有备无患：接待的准备工作 / 46

周到部署：来宾的迎接安排 / 50

称呼礼仪：言之有礼暖人心 / 53

问候应酬：寒暄礼仪面面观 / 56

介绍礼仪：自我介绍和居中介绍 / 59

个人名片：自我介绍的文书 / 62

握手为礼：你的姿势正确吗 / 65

知礼而行：乘车礼仪规范 / 68

引导陪同：礼遇来宾重细节 / 71

以茶待客：奉茶礼仪知多少 / 74

◎ **第四章**

一定之规：工作安排有礼有序

会务工作：千头万绪也有序 / 78

调研参观：妥善安排周到服务 / 82

工作用餐：简单安排方便快捷 / 85

聊表寸心：馈赠礼仪规范 / 89

签约仪式：讲究流程重细节 / 92

合影礼仪：照片里的学问 / 95

安排住宿：这事有劳东道主 / 98

送客礼仪：来宾送别有讲究 / 101

◎ **第五章**

沟通之道：接待工作锦上添花的技巧

交谈之道：说话的原则 / 104

微妙含蓄：非语言沟通的技巧 / 108

网络沟通：指尖上的礼仪 / 113

书面沟通：以文字为媒介的交流 / 116

有效倾听：成为一名好听众 / 120

接打电话：听筒背后的修养 / 124

谈吐礼仪：必不可少的训练 / 128

幽默表达：不只是让人发笑 / 131

沟通禁忌：接待人员需警惕 / 134

◎ 第六章

饮食文化：应知应会的接待知识

舌尖文化：八大菜系源远流长 / 140

传统饮食：为餐桌增光添彩 / 145

饮食风俗：瑰宝传承在民间 / 150

争奇斗艳：民族饮食大放异彩 / 154

先人智慧：中餐饮食的禁忌 / 158

◎ 第七章

宴会礼仪：接待工作的基本常识

无宴不欢：宴会来由知多少 / 162

良好开端：成功从订餐开始 / 167

千姿百态：巧选菜式妙组合 / 171

诚意邀约：情感交流的铺垫 / 175

群贤毕至：座次排列的学问 / 180

觥筹交错：祝酒、敬酒和劝菜、布菜 / 183

小节不失：别忽视仪态和礼仪 / 189

进退有据：迎宾与退席之礼 / 194

◎ 第八章

涉外接待：外事交往中的原则和分寸

谨守规矩：涉外接待的原则 / 198

遵循惯例：交际往来的礼节 / 202

缜密有序：迎送会谈的礼节 / 205

忙而不乱：谈判签字的礼节 / 210

参观礼仪：让展示效果更好 / 214

庆典礼仪：与外宾共欢乐 / 217

馈赠送花：礼轻情意重 / 221

避开禁忌：别让细节毁了接待 / 224

宾至如归：食宿以合适为佳 / 227

第一章

小中见大： 接待工作无小事

举足轻重：接待工作的重要意义

接待是一项社会组织对公务活动中的来访者所进行的迎送、接洽、招待、联系等活动，是社会组织间人员相互交往的方式，在社会组织间的沟通联系中具有连接作用。在当今社会，随着社会经济的快速发展，各企业之间信息、技术、资金的交流日益频繁，因此带来了大量的人员流动，上级领导的视察、兄弟单位以及合作伙伴之间的参观、学习及业务洽谈的人次都与日俱增，这就使得接待工作的重要性愈发凸显。

（一）接待是展示企业形象的重要窗口

企业形象是指人们通过包括产品特点、营销策略、人员风格等企业的各种标志而建立的企业的总体印象。企业形象的构成有多种因素，具体表现为产品形象、职工形象、公共关系形象等。从某种意义上来说，现代企业之间的市场竞争也是一种形象竞争。企业形象能否真实反映企业的精神文化，以及能否被社会各界所理解和接受，在很大程度上取决于企业自身的主观努力。对于企业来说，接待工作具有展示的作用，是给来访者留下良好印象的重要工作，接待工作服务水平的高低直接关系着宾客对企业形象的评价。如果企业的每一个接待人员都能够做到着装得体、举止文明、谈吐高雅、知书达礼，小到会议桌签、厨艺器皿，大到环境装饰、菜品安排，都能让来访者感受到细致入微的服务，企业就会赢得对方的信赖、理解和支持，为下一步深入的交流合作打下良好的基础。反之，如果接待人员衣冠不整、漫不经心、举止失度、待人接物冷若冰霜或傲慢无礼，就会有损企业形象，阻碍工作的开展，使企业在竞争中处于不利的地位。可以说，接待工作是企业与外界进行交流的一座桥梁，并不只是简单的迎来送往。对于接待工作，必须高度重视、认真对待，将优秀的企业文化展示出来，从而提高企业的美誉度，扩大企业的影响力。

（二）接待是围绕中心、服务大局的重要工作

随着市场经济体制的逐步完善和改革开放的不断深入，接待工作在推动企业交流合作，促进企业发展中的桥梁和纽带作用越来越突出。发挥好这一作用，要求接待人员紧紧围绕企业发展的大局，站在全局的高度思考、筹划和处理各种问题，充分发挥接待工作的载体作用、推介作用和信息渠道作用，把工作的出发点和落脚点放在为企业的中心工作服务上，全力为企业的经营活动当好接待员、服务员、宣传员和信息员。在实际工作中，接待工作者要积极向宾客宣传企业，自觉地把接待工作与促进企业发展有机结合起来。比如，根据来宾的身份，有意识地安排介绍企业的产品优势、品牌特点、环境设施等，积极发现和把握接待对象中潜在的商机，积极促进企业的合作交流。

（三）接待是不容忽视的礼宾工作

中华民族是礼仪之邦，自古以来就注重礼仪，强调待人接物有礼有节，不能随随便便。所谓的礼仪，简单地讲，就是人与人之间的行为规范，包括人们与他人交往的过程中做什么、怎样做以及在与别人交往时自己在着装、仪容仪态等方面要注意什么。而接待工作，本质上是一种对宾客的礼仪行为，表现为一定的接待仪式、礼节、规格和标准。接待礼仪的设计和实施，贯穿于迎送、会见、宴请等活动的设计，以及食宿、用车等具体事务活动和安排中。在接待宾客的过程中表现出的高水平礼仪素养，不仅能够体现出企业的交际姿态和形象，而且可以向宾客展示我们的社交能力和职业素养，增强宾客对我们的信任度，从而获得良好的社交信誉和职业评价。

别有特点：接待工作的特征

接待是一种迎送、招待和交流活动，是人类社会关系和社会交往实践的产物。对于企业经营活动中的这项重要内容，我们要把握好其特点，这是做好接待工作的重要前提和基础。

（一）公务性

任何社会组织为了实现自身的生存与发展，必须使自己成为一个开放系统，维持和发展组织系统内外的交流与合作，接待工作正是为了适应这种需要而产生的。它作为一种职务活动，在交流与合作的活动中代表着自己组织的集体利益，体现了明显的公务性。根据宾客来访的目的不同，这种公务活动可分为调研、日常往来、参加会议、观光等类型。调研通常是上级单位或者部门前来进行调查研究、检查指导工作，对此要认真制定接待方案和应急预案，做好各项准备工作，确保整个接待活动安全有序。日常往来是指合作方之间的公务往来、参观学习及因投资考察、经贸洽谈、文化交流活动而进行的往来。参加会议是指宾客因参加各种会议而来，对此要周密安排，热情周到地为前来开会的宾客服务。还有就是宾客前来参观、游览，也要认真对待，妥善安排。

（二）时效性

当下公务活动的时效性很强，来访人员的访问时间都有一定的限制，行程安排通常紧张严密。接待人员必须要有较强的时间观念，提前把活动日程告诉来宾并做好准备工作。特别是重要的接待任务，经过路线、参观考察、重要活动等所用的时间，必须做到准确无误。在不同来访事项间，也需要系统的时间安排并做到事项间的紧密衔接。如果计划工作不到位，没有及时制订出周密的接待计划，对来宾的访问行程安排、时间控制等没有细致的规划，很可能导致接待过程中手忙脚乱、频频出错。

（三）规范性

接待工作的规范性，要求接待人员遵守规矩和制度，服务、办事做到心中有数，懂得什么事可以做，什么事怎样做，什么事不能做。

（四）灵活性

接待工作中经常会出现一些特殊情况，由于来宾职务、宗教信仰、民族等方面的不同，其要求也各有所异，有时既定日程也会因来访人员的要求而调整。另外，来访人员有临时的访问需求或是接待工作因特殊情况需要做出调整，接待方案也应随之变动和调整，这就需要接待人员具备较强的应变能力，做到原则性和灵活性相结合，妥善处理好各类临时变化或突发的状况。这就好比下象棋，开局通常有一定的章法和套路，每个棋子也都有自己的移动规则，但是棋入中盘，更多就是在遵守规则前提下的随机应变、出奇制胜。因此，接待人员要根据来宾的需求变化和临时出现的特殊情况及时调整接待方案和接待行为，更好地完成接待工作。

（五）协作性

做好接待工作，需要各方面的配合，特别是大型接待任务，涉及的部门多、范围广，更是需要与其他部门紧密协调和配合。例如，接待人员需要与酒店联系住宿和餐饮服务、预订会议活动的场馆、与来访人员接洽了解其具体需求等。这些沟通协调工作是确保接待工作顺利进行的重要保证。如果在接待过程中没能做好沟通协调工作，接待的质量和效果就会受到影响。

四个原则：接待工作的基本准绳

日常的接待活动种类多样，如公务接待、商务接待、朋友接待等，每一种都有自己的接待环节和礼仪。但无论是哪种接待，都要遵循一定的原则。

（一）尊重的原则

孔子曰："礼者，敬人也。"孟子说："有礼者敬人。"这两句话是对礼仪的核心思想高度的概括。所谓接待工作的尊重原则，就是要求接待人员在服务过程中将对宾客的重视、恭敬、友好放在第一位，这是礼仪的重点与核心。特别是在参加重大场合的接待活动时，要有庄重之情，要有敬畏之心，要有尊重之举。《礼记》有这样一句话："夫礼者，自卑而尊人。"接待人员在服务的过程中，要常存敬人之心，只要真心实意尊重他人，哪怕具体做法偶有失当，也容易获得别人的谅解。对于接待工作者来说，尊重别人不仅是一种素养，也是职责的要求。

（二）真诚的原则

以诚待人是一种美德，它既体现了一个人的道德修养，又能使人与人和睦相处，增进友谊。接待工作中强调的真诚原则，就是要求在接待的过程中，必须以诚敬之心对宾客。接待工作是一种服务性工作，而服务最好的方法就是真诚。接待工作应始终贯穿以人为本的理念，本着"热情周到、优质高效"的服务宗旨，将热情诚恳融合于接待工作的全过程。古人云："诚于中而形于外。"待人以诚，诚挚表达对宾客的尊敬与友好，处处替宾客着想，对方一定也能感受到这种诚意，从而产生春风拂面般温暖、愉快的感觉。反之，如果接待人员仅仅把礼仪作为一种工具或伪装，待人接物时口是心非、言行不一，则是有悖礼仪的基本宗旨的。

（三）从俗的原则

不同的国家或者民族由于生活环境、社会经济条件等的不同，在婚礼、丧葬、服饰、饮食、居住、节日、礼节和文娱体育等方面也有着不同的习俗。这些风俗习惯都是在长期的生活中形成的，凝聚了各国家或者各民族人民深厚的情感。这就要求接待人员对各国或各民族的礼仪文化、礼仪风俗以及宗教禁忌要有全面、准确的了解，在接待服务过程中谨慎从事，尊重对方的风俗习惯，避免出现差错。"十里不同音，百里不同俗""到什么山唱什么歌""进门见礼，出门问忌"，这些格言都在说明尊重各地风俗与禁忌的重要性。特别是对外交往中不懂外国禁忌，不懂不同民族的禁忌，可能会造成不愉快的后果。

（四）适度的原则

接待工作中适度的原则，是指在应用接待服务礼仪时，为了保证取得成效，必须注意技巧，合乎规范，特别要注意把握分寸、认真得体，做到感情适度、举止适度、谈吐适度。在接待过程中，接待人员既要热情友好、尊重他人，又要自尊自爱、端庄稳重。有时候，接待人员为拉近与来客的距离，需要主动打破常规的社交距离，但是如果不分对象，不分年龄、性格等，一律亲切有加、毫不见外、举止随意，结果往往会适得其反。凡事过犹不及，假如做得过了头，或者做得不到位，都不能正确地表达自己的敬人之意。

用心用情：接待是一门艺术

在大多数人眼里，接待工作就是请客吃饭、迎来送往，外加端茶倒水，没有什么技术含量。其实接待工作不仅包含基本礼仪、程序、要求等，而且是艺术的展示，即通过精心策划，以细节化、人情化的方式，让宾客体会到宾至如归的感受，达到广交朋友、加深友谊、促进发展、合作共赢的目的。

（一）精心策划接待方案

凡事预则立，不预则废。做任何事情，事前有准备就会成功，没有准备就会失败，接待工作也是如此。做好接待工作，必须提前精心策划接待方案，充分发挥为企业经营活动服务的重要作用，否则就可能损害企业形象，影响企业发展。对于每一项接待活动，接待人员都要充分了解来访人员的目的和意图，深入把握企业的公关期望，在此基础上制定出既突出重点又统筹兼顾的完善的接待工作方案，并体现一定的创意与创新。接待工作作为展示企业独特文化和品牌形象的

"窗口"，也需要有风格、有特色。因此，在策划和制定接待方案的过程中，要力图使接待工作的每一个环节都能体现企业的特色，让来访人员从接待工作的点滴中感受到企业的独特优势。

（二）做好细节化服务

细节就是管理，细节就是水平，细节也最容易出差错。接待工作的大忌就是"粗枝大叶"，事实证明，接待工作的问题通常不是出在大的环节上，往往出在最容易被人忽视的细节上。一个细节的疏漏，就可能导致整个接待工作的不圆满。细微之处见精神，细节之间显水平。接待工作不得有半点马虎，必须处处留心，周密考虑，谨慎行事。特别是在重要的接待工作中，接待工作负责人在对全局进行总体把握的前提下要随时根据接待工作的需要对接待方案予以调整；具体接待人员则要主动对接待工作进行全程模拟思考，对陪同人员、车辆、解说内容、会议场所、汇报材料、现场观摩、饮食住宿、摆放餐席卡、制作接待手册等关键事项，都要深思熟虑，认真琢磨、研究细节，选择最佳方案，及时解决可能存在的疏忽和纰漏，做到万无一失。在接待过程中，工作人员要"眼观六路，耳听八方"，对来访人员不经意的眼神、动作、言语，都要留意和体会，以便及时采取应变措施，解决问题，确保接待工作圆满完成。

（三）达到宾至如归的效果

接待工作是企业的"第一个窗口"和"第一个环境"，为宾客提供优质高效贴心的"食、住、行、安、看、听、休、娱"等各方面服务，是这项工作的基本要求。因此，接待工作必须坚持以人为本，充分考虑来访人员的个体特性，针对其工作经历、健康状况、生活习惯、口味偏好，提供定制性服务，使接待工作从"大众式"向"个性化"升级。另外，接待人员要带着热情和感情做接待工作，做一个有心人、热心人、知心人，礼貌服务、微笑服务、贴心服务、用情服务，视宾客为亲人，展示出企业的人情关怀，营造出热情得体、方便舒适、安全卫生的环境，使宾客宾至如归、乐而忘返。

素质提升：接待人员的素养

做好接待工作，有赖于高素质的接待人员。素质达不到，行为出不来。统筹全局、专业规范、贴心周到的接待服务，不是谁都能做到的。要成为优秀的接待人员，必须具备一些基本的素质。

（一）学习能力

当今社会，一个人要想在自己所处的行业内有所发展，就必须具备良好的学习能力。作为接待人员，要通过不断学习汲取营养，充实知识，提升技能。一方面，涉猎要广泛，多种知识的积累和融合，对提升接待人员的综合素质至关重要。另一方面，要努力学习有关接待工作的专业知识，系统、深入了解着装礼仪、仪容仪态、接待程序规范、宴会礼仪等方面的要求，做到提笔能写、开口能讲、有事会办，不断提升专业素养。接待人员要通过不断学习，克服少知而迷、不知而盲、无知而乱的问题，这样做起工作来便能游刃有余，牢牢把握主动权。

（二）职业操守

职业操守是指人们在从事职业活动中必须遵从的最基本的道德底线和行业规范。一个人在社会上不管从事何种职业，都必须具备良好的职业操守。对于企业的接待人员来讲，职业操守首先表现为对国家法律和企业各项规定的严格遵守。接待人员作为所在企业的一分子，对外代表着企业，应自觉维护企业形象，不得损害企业的合法利益。在接待来访人员时，应将谈话内容限制在适当的范围内，不得泄露机密的商业计划、未公开的财务数据等不宜对外公开的内部信息。

（三）沟通能力

沟通能力是一个人生存与发展的必备能力，也是决定一个人成功的必要条件，对于接待人员来讲更是如此。从表面来看，沟通能力似乎就是一种能说会道的能力，它包括了从穿衣打扮到言谈举止等一切行为的能力。作为以交流、沟通为主要工作内容的接待人员，要充分发挥自己的沟通能力，并给对方留下良好的印象。比如，在接待场合，要注意个人形象，认真倾听，谨慎插话，注意语音、语态、语气、语速，多站在对方的角度考虑问题，给人体贴入微、如沐春风的感觉，提高对方对接待的满意度。当然，接待工作中的沟通不仅限于此，还包含着更为丰富的内容。

（四）应变能力

应变能力是指一个人在外界事物或者环境出现意外的变化时，能够快速做出反应、调整策略、解决问题的一种能力。这种能力非常重要，因为它能够帮助我们更好地应对各种挑战和变化。具有这种能力的人，多半有着机敏的特性，可以审时度势，也能随机应变，灵活地处理问题。在接待工作中，我们难免会遇到各种各样的意外情况，如果处理不好，可能会影响接待的质量和效果。为此，接待人员需要提高应变能力，提升处理突发事件、意外事件的能力，以便将各类影响接待工作大局的细节问题解决在萌芽状态。需要强调的是，应变能力不是一种天生的能力，可以通过不断的实践和训练来提高。比如，接待工作可以提前进行周密规划，全程模拟演练，制定应急预案，以增强对意外事件和意外情况的应对意识和能力。另外，接待人员也可以通过不断的学习来拓宽自己的知识面，提高自己的综合素质，从而更好地应对各种变化和挑战。

　　由于应变能力与各个因素都有关系，想要提升应变能力并不是一件容易的事，需要不断付出努力。只要功夫深，铁杵磨成针，只要我们相信自己，不断磨砺自我，一定可以做到应变自如。

第二章

形象名片： 接待人员的着装、仪容仪态

正装七件：男士正装礼仪

在接待活动中，着装是非常重要的一环。正确的着装不仅能够展示自己的专业形象，还能获得他人的信任和尊重。对于男性接待人员来说，在接待工作中应掌握正装"七大件"的着装原则，确保自己在接待场合中的形象。

（一）西服一套

西服是一种国际性主流服装，是正式场合着装的优先选择。男士在正规接待场合要穿西服。西服款式按件数分为单件上装（简装）和套装（正装）。单件西服是一件和裤子不配套的西服上衣，一般属于休闲西服。在正式的接待活动中所穿的西服，必须是西服套装。套装西服即上衣与裤子成套，其面料、色彩、款式一致，风格相互呼应。通常，套装西服有两件套与三件套之分。两件套西装包括一衣和一裤，三件套西装是指上衣里面多加一件同质、同料的马甲。在接待场合的西服着装，一般要求穿深色，以示严肃，其中正式而隆重的藏青色西装是首选。西装纽扣是区分款式、版型的主要标志，有单排扣和双排扣之分。单排扣又有单粒扣、双粒扣、三粒扣之别。在正式的接待场合，要将单粒扣、双粒扣的第一粒、三粒扣的中间一粒都扣上，而双粒扣的第二粒、三粒扣的第一三粒都是样扣，不必扣上。双排扣则有四粒扣和六粒扣之别，所有的纽扣都要扣上，只有在坐下时可以将最下边的纽扣解开，以防服装"扭曲走样"。需要指出的是，单排扣两粒西装和双排扣四粒西装最为正规，较多用于隆重、正式的场合。

（二）衬衫的搭配

接待场合穿西服，衬衫是个重点，颇有讲究。与西服配套的衬衫必须是长袖，夏天也不例外。衬衫的颜色通常为单色，白色是最好的选择，灰色、蓝色、棕色、黑色也可以考虑，以没有任何图案为佳。杂色、过于艳丽的颜色（红、粉、紫、绿、黄、橙色等）有失庄重，不宜选。衬衫必须挺括整洁无褶皱，尤其是领口和袖口。衬衫的袖子要稍长于西服衣袖0.5～1厘米，领子也要高出西服领子1～1.5厘米，以体现着装的层次感。衬衫的下摆不能过长，而且必须塞在西裤里，袖口必须扣上不可翻起。衬衫的第一粒纽扣在穿西服打领带时一定要系好，否则松松垮垮，给人极不正规的感觉。

（三）领带的选择

领带是西服的重要装饰品，是男士在接待工作中的必备服装配件之一。从色彩上讲，领带有单色和多色之分。单色领带适用于公务活动和隆重的社交场合，并以灰色、深蓝色、紫红色、黑色、棕色最受欢迎。多色领带一般不应超过三种颜色，可用于各类场合，但是在接待场合，尽量不要选择浅色、艳色的领带。选领带的时候，图案要庄重、典雅，最常见的有斜条、横条、竖条、圆点、方格以及规则的碎花等图案。领带的长度以自然下垂最下端（即大箭头）及皮带扣中间处为佳，这样，当外穿的西装上衣系上扣子后，领带的下端便不会从衣襟下面露出来。领带系好后，不可将其末端塞入裤腰带，这是很不雅观的做法。若穿西装背心，领带下端不能从背心下面露出来。

（四）腰带的佩戴

腰带是一种不可忽视的配饰，尽管它只是一条窄窄的带子，但它在男士整体造型中扮演着重要的角色。男士穿正装时，一般使用皮质腰带来搭配衣服，这样可以增强整个着装的品位感和协调性。在选择皮带的类型时，如果是正式场合，建议使用针扣皮带，因为针扣皮带更显正式、大方。正装场合佩戴腰带时，要特别注意搭配：腰带的带子要与鞋子的色系相同，最好保持同一颜色；皮带的带头和带扣应该和其他金属首饰和配饰（比如手表、胸针、袖扣）颜色相同。另外，腰带是人体上半身和下半身的分水岭，适当调整皮带的高度，可以总体拉长腿部，修饰身形的不足。

（五）鞋袜的穿着

穿西服套装一定要穿皮鞋，不能穿旅游鞋、轻便鞋、球鞋、布鞋、凉鞋，否则会显得不伦不类。鞋的颜色要同服装的颜色搭配，一般以深色（如黑色、深棕色、深咖啡色）为佳。一般而言，在接待活动中，黑色系带的西装皮鞋是一种比较理想的选择。

西服和皮鞋搭配时，裤子的下摆要盖住皮鞋鞋面。由于西装的面料特点，坐下时露出一部分袜子是很正常的。这就要求我们选择稍微长一点儿的袜子，坐下的时候不要露出小腿。袜子的颜色应和长裤的颜色一样，或者深于长裤的颜色。在面料的选择上，和西装、皮鞋相配套的袜子，最好是纯棉、纯毛的。需要强调的是，穿深色皮鞋忌穿白色的袜子，否则会显得很土气。

优雅大方：女士正装礼仪

相对于偏稳重单调的男士正装，女士正装更能凸显个性。得体的穿着，不仅可以让女性在接待场合显得更加美丽，还可以体现出良好的职业素养。

（一）西服套裙的选择

女士在接待场合穿西服套裙，会显得优雅大方、成熟文静。严格来说，女式西服套裙是指西服上衣与和它相配的裙子是成套设计并统一制作的套装。西服套裙的上衣款式有紧身和松身两种。紧身式上衣肩部平直、挺拔，腰部收紧或束腰，其长不过臀，整体呈倒梯形。紧身式上衣常见的有一字领、平驳领、圆状领、方领、"V"字领等。西服裙装的扣子有无扣、单排扣、双排扣之分。女士在接待场合穿着套裙时，上衣的衣扣必须全部扣上，不要将其部分或全部解开，这样才能体现出女士的端庄与典雅。西服套裙的裙长应要到膝或者过膝，以达着装者小腿肚上最饱满处为宜。西服套裙的最佳颜色是黑色、藏青色、灰褐色、灰色和暗红色。不同色彩给人的感受是不同的，深色或冷色调的服装显得庄重严肃，而浅色或暖色调的服装给人轻松活泼的感觉。因此，可以根据不同需要进行选择和搭配。

（二）衬衫的搭配

衬衫的搭配只要与套装相匹配就可以了。白色、黄白色和米色与大多数套装都能搭配。衬衫的面料要求轻薄而柔软，可选纯棉、丝绸等。衬衫款式要裁剪简洁，不带花边和褶皱。穿着衬衫时，下摆应掖入裙腰之内而不是悬垂于外，也不要在腰间打结；衬衫的纽扣除最上面一粒可以不扣上，其他纽扣均应扣好。穿着西服套裙时不要脱下上衣，直接外穿衬衫面对对方。衬衫之内应当穿着内衣，但不可显露出来。

（三）鞋袜的穿搭

鞋子面积虽小，但却对整体形象有着重要影响。合适的鞋子搭配能让女士的优雅风度无懈可击。在接待场合，女士应该选择与套裙搭配的皮鞋，黑色皮鞋是最佳选择，和套裙色彩一致的皮鞋也可以。鞋子应该是高跟鞋或者中跟鞋，鞋跟高度以3～4厘米为宜。正式的场合不要穿凉鞋、后跟系带的女鞋。

袜子是女性腿部的时装。穿西服套裙时，应配穿长筒或连裤丝袜，颜色以肉色、黑色为宜。国际上认为袜子是内衣的一部分，因此袜口绝不可以露在裙摆外边。女士袜子一定要大小相宜，太大就会往下掉，显得松松垮垮，或者显得一高一低；太小的袜子穿起来则不太舒服。尤其要注意，不能在公众场合整理自己的袜子，这样显得有失仪态。此外，在接待场合不能穿带图案的袜子以及挑丝、有洞或补过的袜子。

服饰礼仪：遵原则避禁忌

从接待礼仪的角度看，着装是根据自身的职业修养、身材特点，在接待工作中力所能及地对所穿的服装进行精心的选择，从而增加交际魅力，给人留下良好的印象。为此，接待人员必须遵循相应的服饰礼仪原则，避开禁忌。

（一）服饰礼仪的原则

1. 三色原则

所谓的三色原则，是指全身上下的衣着及饰物的色彩，在总体上要以少为宜，最好控制在三种颜色以内，而且以一种颜色为主色调。三色原则使服装总体效果简洁、和谐、规范，是选择正装色彩的基本原则。三色原则是在国外经典商务礼仪规范中被强调的，国内著名的礼仪专家也多次强调过这一原则。从视觉上讲，服装的色彩在三种以内较好搭配，一旦超过三种颜色，就会显得杂乱无章。在接待场合的正装穿着，应遵循这一原则，如果多于三种颜色，会给人一种俗气的感觉，颜色越多，越容易显得不协调和不专业。

2. 整体性原则

美不在部分而在整体，服饰的各个部分不仅要"自成一体"，而且要相互呼应，在整体上尽可能显得和谐，不能"各自为政"。正确的着装能形成一种和谐的整体美。服装的款式、颜色、面料、制作工艺等，都是服饰的整体美的构成因素。服装的美就是从这多种因素的和谐统一中显现出来的。接待场合的着装，应遵循这种整体性原则，使服饰各个部分相互适应，局部服从于整体，力求展现着装的整体之美、全局之美。

3. 个性化原则

个性化原则是指根据不同年龄、性格、文化素养与社会生活环境，来确定服装款式、面料、色彩与装饰物。我们在选择服饰穿搭时，不仅要符合职业要求，还要凸显出自身气质，充分展现个人的礼仪风貌。为此，必须深入了解自我，选择适合自己的服饰，这样才能让服饰尽显风采。各式服装有各自的风格和内涵，只有遵循职业要求的个性化着装，才能在人与物和谐统一的同时显现其独特的个性魅力，塑造、展示出最佳形象和风貌。

4. 整洁原则

在接待场合的正装穿着中，保持整洁是基本要求。整洁的衣着不仅能展现出积极向上的精神状态，更体现了对他人需求的尊重，显示出对接待对象的重视。整洁并不是要求衣着华丽鲜亮，一味地追求品牌，而是要做到干净平整、朴素大方。保持衣着的整洁，就要做到勤换、勤洗、勤熨，避免有污渍、有破损，避免走形变样。

（二）服饰礼仪的禁忌

1. 穿着随意

穿着随意是指不按照接待工作的要求规范着装，比如有的人员在接待时随便穿一件T恤衫搭配一条牛仔裤，或者穿西服套装搭配一双运动鞋。还有工作人员在正式接待场合的着装色彩较为繁杂，过分鲜艳、花哨，如衣服的图案过分烦琐、标新立异。这种杂乱的着装极易给人留下不良印象，容易使客户对企业的经营和管理产生怀疑。

2. 衣着过分暴露

衣着过分暴露也是着装大忌。在接待场合，穿短裤、超短裙、露脐装和短袖衬衫等服饰，袒胸露背，暴露大腿、脚部和腋窝，会给人以不稳重的印象，也是对接待对象的不尊重。在正式场合的穿着方面，接待人员应遵循六不露的要求：不暴露胸部、不暴露肩部、不暴露背部、不暴露腰部、不暴露脚趾、不暴露脚跟。

3. 衣着过于紧身

接待人员也不能为了展示自己凹凸分明的身材而有意选择过于紧身的服装，更不要不修边幅。衣着要符合接待场合服饰礼仪的要求。另外，过于紧身的着装可能导致衣物开线，让双方都尴尬。

4. 衣兜装太多东西

西装或者套装的外袋是为整体造型设计的，是为了美化和装饰，里面不宜装太多东西。一般来说，上衣左胸外侧口袋只可放西服方巾，上衣内侧口袋可放少量贴身的卡、少量现金、一两支钢笔等；西装裤子口袋只能放纸巾、钥匙等小物件；上衣外侧下方的两个口袋和裤子后面的口袋原则上不放东西。如果衣兜里塞满东西，会给人一种办事杂乱无章的印象。

增光添彩：饰物的得体佩戴

饰物是指与着装搭配的装饰性物品，可以对一个人的形象起到画龙点睛的作用。在接待场合中，佩戴合适的饰物也是社交礼仪的一部分。但是，饰物必须与所装饰的客体有机地结合，成为统一、和谐的整体，才能增强审美效果，提升个人形象。为此，我们需要了解在接待场合饰物佩戴的一些基本原则，合理选择、得体佩戴饰物。

（一）饰物佩戴的原则

1. 数量原则

饰物对于服装来说处于从属地位，只起装饰和点缀的作用，不是越多越好，而是要本着少而精的原则。也就是说，佩戴首饰的数量越少越好，要点到为止，恰到好处，这样才能起到画龙点睛的作用。如果没有合适的饰品，可以选择什么都不戴；如果一定要同时佩戴几件饰品，全身的首饰最好不要超过三种。另外，要避免佩戴一件以上的同类型的首饰。

2. 协调原则

在接待场合佩戴饰物时，应遵循与服装相统一、相协调的原则，以确保整体形象上的搭配。因此，应该根据服装的风格、材质、颜色、样式，选择相应的饰物风格。协调一致的搭配、恰当的点缀，才能使饰物与服装相互辉映。饰物的佩戴还讲究与环境的协调，比如在冬季可以挑选略微色彩深一点儿的配饰，来表现冬季的气候；在夏天可以挑选亮色系的饰品，亮色的饰品可以与夏季的明亮氛围相呼应，同时在视觉上也能带来清新的感觉。

3. 体形相配规则

佩戴饰物也要依据个人的体形而有所选择，尽量做到扬长避短，这是因为饰物的佩戴可以起到修饰和协调形体的作用。在佩戴饰物的时候，应充分重视自己的形体特征，以便更了解自己适合佩戴哪类款式和风格的饰物，尽量利用不同款式的饰物弥补自己体形上的不足，这就是我们所说的避短。避短是我们佩戴饰物时关注的重点，比如，方脸尽量不要选择方形耳环，可以选择长型，能拉长脸部线条。在这里要注意，千万不可仅凭个人喜好，选择并不适合自己体形的饰物款式，否则非但不能发挥饰物增光添彩的作用，反而会使我们的整体形象打折扣。

4. 身份性别原则

每个人在社会中都是独立的个体，有着不同身份、职业、年龄、生存环境等，佩戴饰物时，应根据自己不同的身份特征进行选择。这就要求我们选择饰物时不仅要照顾个人喜好，还要考虑到个人身份，佩戴的饰物不要与自己的身份特征相去甚远。另外，佩戴饰物时还要注意性别差异，接待场合女士可以佩戴多种饰物，而男士除了手表外，最多只能戴一枚结婚戒指。

（二）常见饰物的佩戴

1. 手表

人们戴手表并不仅是为了看时间，它还有一个饰品的功能。与西服相搭配的表可以选择正装手表。正装手表款式庄重、保守，外观形状可选择正圆形、正方形、长方形、酒桶形等。从色彩上来讲，可以选择能够彰显优雅稳重气质的沉稳黑色、商务金色、精钢银色等颜色。当然，在选择手表的具体种类时，要量力而行，根据自己的职业、社交场合以及常搭配的服饰等因素选择自己喜欢的且在可承担范围内的。

2. 戒指

戒指是一种很常见的饰品，同时还是具有特定含义的传递物。因为右手要参与较多劳作，所以戒指通常戴在左手上。戒指的不同戴法表示的含义也有所不同：戴在食指上表示未婚，戴在中指上表示正在恋爱，戴在无名指上表示已经订婚或结婚，戴在小指上表示单身。在正式场合，无论男女，戒指最多佩戴一个，而且男士只能佩戴结婚戒指。另外，戒指和手形要相适合，两者之间一定要有调和感，这样才能展现出手的美感。

3. 项链

项链是戴于颈部的环形首饰，是女性最常用的饰品之一。项链种类繁多，佩戴项链时要充分考虑个体因素，根据自己的年龄、体形、五官特点进行选择，扬长避短，同时注意与服装色彩相呼应，最好形成对比色调。另外，项链宜和同色、同质地的耳环或手镯搭配佩戴，这样可以提升整体视觉效果。女士佩戴项链一般不能多于一条，但可将一条长项链折成数圈佩戴。

4. 耳饰

耳饰是佩戴在耳朵上的饰品，包括耳环、耳链、耳钉、耳坠等。耳饰通常为女性所佩戴，讲究成对使用。在接待场合佩戴耳饰时，每只耳朵均佩戴一只，一只耳朵上不要同时佩戴多只耳饰。耳饰的类型以耳钉为宜，最好不要佩戴大耳环、悬坠型耳环。耳环的颜色应根据自己的肤色进行选择，肤色较暗的可选择银色、白色的耳饰，肤色较白的可选择红色、棕色等暗色系耳环。耳环应与着装色彩相协调，同一色系的搭配可产生和谐的美感。

5. 手镯

手镯也是女性经常佩戴的饰物。手镯可以戴两只，也可以只戴一只。戴两只时，要每只手戴一只；戴一只时，一般应佩戴于左手。需要注意的是，同一只手上不能既佩戴手镯又佩戴手表，每只手最多佩戴一件饰物。

6. 手包

手包是女士生活中的必备品，不仅用途广泛，还是女性社交场合不可缺少的配件。与正装搭配的女士手包应当是皮质的，大小适中为宜。持包方式要大方、优雅，不能左右摇晃、甩来甩去。男士可以携带公文包，将文件、手机、钱夹、钥匙等物品放入包中，方便携带。

7. 丝巾

丝巾是很多女性的最爱，不管什么场合，女性接待工作者在服装以外，利用飘逸柔媚的丝巾稍做点缀，能令穿着更有味道。

挑选丝巾的重点是其颜色、图案、质地和垂坠感。佩戴丝巾要注意与服装色彩、肤色协调。一般情况下，衣深巾浅、衣素巾艳、衣冷色巾暖色。肤色偏黄，不宜选用深红、绿、蓝或黄色丝巾；肤色偏黑，不宜选用白色或有鲜艳大红图案的丝巾。

8. 领带夹

主要用于将领带固定在胸前，位置不能太靠上，领带夹的正确位置是，七粒扣子的衬衫从上往下数的第四到第五粒衬衫扣处为宜；六粒扣子的衬衫从上往下数的第三到第四粒衬衫扣处为宜。

在正式场合，若佩用领带夹，须佩戴线条优美挺拔、工艺精致、材料考究的领带夹。不少接待人员总喜欢让其从衣领处露出来，而这样恰恰暴露了领带夹系错了位置。

仪容仪表：社交第一形象

仪容仪表对我们每个人来说都很重要，因为它反映了一个人的外形面貌和礼仪素养，是人们交往中的"第一形象"。在接待场合，接待人员的仪容仪表会引起接待对象的特别关注，为此我们必须对自身进行必要的整理和修饰，弥补和掩盖在容貌、形体等方面的不足，并把自身较美的方面展露和衬托出来。这既是对他人的尊重，也是对自己的尊重，而且是接待活动成功与否的第一步。

（一）发型的修饰

头发生长于头顶，位于人体的"制高点"，清洁干净的头发和优美的发型对一个人的整体形象有着重要作用。有鉴于此，修饰仪容应当"从头做起"，注意保养和修饰头发，使其保持健康、美观的状态。

1. 保持头发的清洁

头发应勤于梳洗，维持自然光泽，保持干净整齐。勤洗头发可以清除头部皮屑、油脂和灰尘，消除头发的异味，保持头发清洁卫生。

2. 选择合适的发型

发型是仪容的重要组成部分。头发整洁、发型得体是基本的要求。发型的选择要遵循自然、大方、整洁、美观的原则，既要观察发型的流行趋势，又不能盲目追赶潮流，要考虑到自身的特点。

在正式场合中，男士的发型标准就是干净整洁，板寸式、背头式、平头式、分头式等发型都可以，但都要注意经常修饰、修理。头发不应该过长或过短，前面的头发不要遮住眉毛，侧部的头发不要盖住耳朵，后部的头发不要长过西装衬衫领子的上部，鬓角也不要过长。相较于男士，女士可选择的发型更多一些，主要有长发、短发、盘发、卷发等，具体可依据发质、年龄、性别、性格、体形和脸型特点等来决定。比如，头发细软的人可选择中长发或俏丽的短发，不宜留过长的直发，发质较硬的人不宜选择太短的发型，宜采用简单的披肩长发；体型高瘦的人适合留长发，身材娇小的人适宜留短发或盘发；圆脸可选择顶部略蓬松隆起的发型以拉长脸型，长脸宜选择前有刘海儿、两侧蓬松的发型以中和脸型。需要注意的是，女士的发型最好不要长过肩部，或挡住眼睛。如果是长发，在正装场合应暂时将长发梳成发髻盘在头上。

（二）面容的修饰

面容清洁干净，是接待礼仪最基本的形象要求。每天早上起来，男士保持面容干净整洁的首要原则就是把胡子刮干净。接着要把脸洗干净，可以使用洗面奶、香皂等清洁剂清除附着在面部的污垢、汗渍等不洁之物。洗脸的时候要记得洗到脖子部位、下巴底部，耳朵后面等也要仔细清洗。另外，也要注意眼部的清洁，务必清理干净隔夜的眼眵（即眼屎）。如果鼻毛过长，应修剪一下，以免影响美观。为养护面容，平时可多吃水果蔬菜、多喝水，冬天可适当擦些润肤品，防止皮肤干燥起皮。

对于女士来说，化妆是仪容修饰的重要手段。化妆的目的是突出美化自己脸上富有美感之处，显示面部的优点，同时巧妙地淡化和掩饰面部的某些不足。恰到好处的妆容能够使人容光焕发，展示出良好的个人形象和精神风貌。从事接待工作的女士，要化以淡妆为主的工作妆，这种妆容的主要特征是简约、清丽、素雅、大方，既给人以深刻的印象，又不会显得脂粉气十足。妆容在用餐、饮水、出汗之后可能会受到影响，一定要及时补妆。需要强调的是，化妆或补妆应该遵循修饰避人的原则，选择化妆间、洗手间等地方，切忌在他人面前肆无忌惮地化妆或补妆。

不管男士还是女士，都要特别注意口腔卫生，坚持每天刷牙漱口，防止牙齿产生污渍、口腔产生异味。饭后也应当用清水仔细漱口，防止食物残渣留在口腔牙缝中，影响口腔卫生和美观。有的人喜食葱、蒜等辛辣之物，食后易产生难闻的气味，以现代礼仪交往的标准衡量，在接待活动开始之前，最好不要吃这类食物。口腔异味影响交际，必要时可以用口香糖来祛除气味，但也要注意不能在公众场合嚼口香糖。

（三）双手及指甲的修饰

在接待场合，保持双手的洁净也是基本的礼仪要求。我们的双手每天接触的物体很多，从卫生的角度来考虑，要及时将污物、灰尘等不洁之物洗净。另外还要注意，不能双手乱用，如揉眼睛、抠鼻眼、挖耳孔、剔牙齿等，这样既不卫生，也显得不礼貌。

指甲也要经常清洗和修剪，指甲缝中不能留有污垢，男士指甲的长度不应超过手指指尖。指甲周围的肉刺和死皮宜用工具仔细除去，不要撕扯或用牙齿咬，以免导致皮肤渗血。女士涂抹指甲油时，不应涂艳丽的指甲油，出于养护指甲的目的，可以涂无色指甲油。

仪态礼仪：优雅的"体态语言"

仪态是指人在行为中的姿态、动作和举止。仪态可以说是通过人的肢体形态、活动向他人传递信息的一种身体语言，即所谓的"体态语言"。优雅的仪态，可以体现一个人出色的学识、能力和其他方面的修养，对于职业形象的塑造具有重要意义。接待人员要想具有较高的仪态素养，就必须从自己的举手投足做起，从点滴细节做起，把仪态礼仪知识内化于心、外化于行。

（一）站姿

人的正常站姿，也就是人在自然直立时的姿势，即所谓的"站有站相"。在接待场合，良好的站姿是非常重要的。标准的站姿，要身体直立，双目平视，嘴微闭，下颌微收，两肩平齐，挺胸收腹，两臂自然下垂，手中指贴裤缝，两脚跟并拢，脚掌分开呈"V"字形，身体重心落于两腿正中。站立的时候，男士可以将双手自然地握在一起，放在腹部，两脚跟稍分开点儿距离，但不宜超过肩宽，双脚也要调整成"V"字形。女士可左手握虚拳，右手轻握左手手背，双臂自然下垂于腹前。上述这些站姿都是规范的，但要避免僵直硬化，肌肉不能太紧张，在站立的同时可以适宜地变换姿态。特别要注意的是，站立时不要弯腰驼背，也不要东倒西歪、倚墙靠桌或者双腿交叉，两手不要插在裤袋里、叉在腰间或抱臂于胸前。练习正确的站姿，可以在室内靠墙站立，脚跟、小腿、臀、双肩、后脑勺都紧贴着墙，每次坚持15分钟左右。

正确优美的站姿，不仅会给人以挺拔向上、优雅舒展、庄重大方、精力充沛的印象，还可以让身体各个关节的受力比较平均，避免让某些特定的关节承担大部分的重量。抬头挺胸时，胸口会变得开阔，呼吸也会顺畅。因此，好的站姿不仅体现形体和礼仪之美，对于健康也很重要。

（二）坐姿

站有站相，坐有坐相。良好的坐姿既能体现一个人的形态美，又能体现行为美。正确的坐姿是入座时要轻而稳，走到座位前，转身臀部轻稳地落于椅子的正中或稍后。坐下后要立腰、挺胸、上体自然挺直，颈、胸、腰都要保持平直，双肩放松，膝弯曲大致成直角。男士可双手掌心向下，两手自然地放在双膝上，亦可放在椅子或沙发扶手上，双脚可稍微分开（不宜超过肩宽）；女士可将两手叠放，置于左腿或右腿上，双膝自然并拢，双腿正放或侧放。女士入座时，若是裙装，应用手将裙子稍微拢一下，再慢慢坐下。需要注意的是，坐下后切不可后仰半躺着，不要把双手夹在双腿之间，也不要将双臂端在胸前。另外，坐下后在任何时候都不得跷二郎腿，不得频繁抖动腿部，女士不得叉开双腿。

（三）走姿

走姿是人体所呈现出的一种动态，是站姿的延续。走姿的基本要求是走路的姿势正确、自然优雅而且有风度，能反映出积极向上的精神状态。女士在行走时，上身基本保持站立的标准姿势，挺胸收腹，腰背挺直，双肩保持平稳，两臂以身体为中心前后自然摆，脚尖向正前方伸出，双目平视，表情自然平和。

男士在行走时，步履要沉稳有力、不慌不忙，展现出稳健的姿态。男士常见的走姿是"平行步"，其要领是双脚各踏出一条直线，使之平行，步伐快而不乱，与女士同行时，男士步子应与女士保持一致。女士走路的时候步履要轻捷优雅，快抬脚、迈小步、轻落地，展现出温柔、窈窕、矫捷的阴柔之美。如果手上持有手提包等物品，应将大包挎在手臂上，小包用手拎着。女士常见的走姿是"一字步"，即行走时两脚内侧在一条直线上，两膝内侧互相轻轻触碰，收腰提臀，肩外展，头正颈直，微收下颌。

有些不良的走路习惯与走姿礼仪是不相符的，如走路时耷拉着眼皮、低头看脚尖、弯腰驼背、鞋底拖拉在地、蹦蹦跳跳等行为，我们都应该避免。

（四）蹲姿

不管是在实际生活还是在工作中，蹲姿都是经常出现的姿势。与站姿、坐姿和走姿一样，蹲姿也有礼仪的要求。如果蹲无"蹲相"，不遵循礼仪要求，就会显得既不雅观，也不礼貌。

在正式场合，常用的蹲姿有如下几种。

一是高低式蹲姿。这种蹲姿男女均可使用，要求下蹲时右脚在前，左脚稍后，两腿靠紧向下蹲。右脚应完全着地，小腿基本垂直于地面，左脚脚掌着地，后脚跟向上提起。左膝低于右膝，左膝内侧靠于右小腿内侧，形成右膝高左膝低的姿态。二是交叉式蹲姿。这种蹲姿通常适用于女性，要求下蹲时右脚在前，左脚在后，右脚掌完全贴合于地面，右小腿垂直于地面，左膝则由右腿下面伸向右侧，左脚跟抬起，脚掌着地。两腿交叉重叠在一起，合力支撑身体的重量。三是半蹲式蹲姿。这种蹲姿通常在行走时临时采用，要求下蹲时上身稍微下弯，保持臀部向下，双膝略弯，两腿间距不要太大，将身体重心放在一条腿上即可。需要指出的是，只是下蹲的姿态符合礼仪标准还不够，还要做到动作连贯、自然、从容、优雅，这样才能表现出完美的仪态。

（五）手势

作为仪态的重要组成部分，手势的重要性也不容忽视，要恰当运用。当垂手时，双手可相交于小腹处，掌心向内，或者双手指尖朝下，掌心向内，手臂伸直贴于裤线。传递物品给别人时，一般用双手，若是不太方便双手递送物品，也要用右手，而且要将物品不方便拿的一面朝向自己。引领宾客时，要手指并拢，手掌朝上伸直，以指尖方向表示前行方向。鼓掌表示欢迎、祝贺、支持的时候，是右手掌心向下，有节奏地拍击掌心向上的左掌。向别人招手时，一般用右手，五指并拢，掌心朝着对方，小幅度轻轻摆动，但要注意不可以向上级和长辈招手。送别宾客时，要与宾客握手，并在宾客离开时向宾客挥手致意。

　　手势确实很重要，但也不是越多越好，而是宜少不宜多。多余的手势，会给人留下装腔作势、缺乏涵养的印象。另外，要注意在任何情况下都不能用大拇指指自己的鼻尖和用手指指点他人，这样的手势是不礼貌的，也是对他人的不尊重。

无声语言：表情礼仪两要素

表情是人体语言中最为丰富的部分，可以真实地反映人们的思想、情感以及心理活动与变化。良好的表情礼仪，可以缩短人与人之间的距离，成为沟通彼此心灵的通道，让人产生安全感、亲切感、愉悦感。表情礼仪主要包含两个方面的要素：一个是目光，另一个是笑容。

（一）目光

人的目光是人的表情语言中语汇最丰富的，它能表达出人们最细微、最精妙的内心情思，从一个人的眼睛中，往往能看见其整个内心世界。孟子曾说："存乎人者，莫良于眸子。眸子不能掩其恶。胸中正，则眸子了焉，胸中不正，则眸子眊焉。"由此可见目光的重要性。

一个彬彬有礼的人，目光是坦然的、亲切的、和蔼的、有神的。特别是在与人交谈时，目光应该注视对方，视线停留在对方双肩和头顶所构成的一个方形区域内。注视对方，表明自己大方、坦诚，关注对方，并将自己的感受袒露给对方。当然注视他人也要注意相应的细节和礼仪，如平视代表平等、坦诚与尊重，适用于一般场合的人际交往；环视表示重视在场的每一个人，适用于同时与多人打交道；仰视表示尊重、敬畏，适用于面对尊长之时。在与人谈话过程中，目光与对方接触的时间累计应控制在整个谈话时间的1/3～2/3。注视时间太少，表示冷落、轻视或反感；注视时间太久，特别对异性和初识者长时间直视或盯视，是不礼貌的。和交谈对象视线接触时，连续注视对方眼睛的时间通常不宜过长，以3～6秒为宜。

在与他人接触和交往时，目光交流是非常重要的。交流中不看对方或者迅速回避别人的注视，是不尊重对方或者内心羞怯的表现；随意打量对方任意部位，表示怀疑或挑衅对方；漫不经心地斜视或者居高临下地注视别人，有轻视或者鄙夷之意；左顾右盼、东张西望，或者目光游离不定，会让对方觉得你不耐烦，有逐客之嫌。在目光礼仪中，我们要避免上述不良习惯，以免影响社交形象。

（二）微笑

微笑是人的面部表情因双唇轻启、牙齿半露、眉梢上推、脸部肌肉平缓向上向后舒展而带来的一种效果。微笑可以说是一种世界通用的语言，人世间最美的就是发自内心的微笑，人们的交往活动最初都是从微笑开始的。在接待工作中面带微笑，表明我们心情愉快、乐观向上，对自己充满自信，对别人善良友好、真心实意，而且传递出对本职工作的热爱之情，让服务对象倍感愉快和温暖。

我们每个人都会微笑，但是从礼仪的角度讲，美好的微笑应该是什么样的呢？这要从四个方面来讲。一要做到真笑，口眼鼻眉肌结合，眼睛略眯、眉毛上扬、鼻翼张开、脸肌收拢、嘴角上翘。二要神情结合，笑的时候要心情舒畅、神采奕奕。三要声情并茂，只有这样你的热情才能为人理解，并起到锦上添花的作用。四要与得体的仪表举止和谐一致，达到表情与举止完美统一的效果。当然，恰到好处地把握微笑展现的时机也很重要。比如，在与交往对象目光接触的瞬间展现微笑，能更好地表达友好的情谊。另外，要把握微笑的层次变化。在交流的过程中，微笑可以有很多层次，有浅浅一笑，眼中含笑，也有热情的微笑、开朗的微笑。适宜哪一种微笑、要根据交流的实际情况随机变化。

微笑是美好心灵的外观，微笑需要发自内心才能笑得自然，笑得美好、得体。缺乏诚意、为笑而笑、没笑装笑，只能起到相反的作用。微笑时没有得体的身体语言相配合，也会使人感到突兀。微笑时露出的牙齿上有污垢或食物残渣，会给人一种不整洁和不体面的印象，也会破坏美好的氛围。

第三章

接待程序：按部就班有规范

有备无患：接待的准备工作

接待工作是各企业的常规性工作，对于推动其他各项工作的开展具有重要意义。要做好接待工作，确保接待工作发挥应有的作用，必须提前做好充分准备，这样才能做到有备无患、从容不迫。总体来讲，接待的准备工作包括如下几个方面。

（一）心理准备

接待工作的心理准备，是指接待人员要有强烈的角色意识和服务意识，能够以诚心、耐心、热心去面对每位来宾。无论来访的宾客有没有提前预约，是不是易于沟通，都要让对方感到自己是受欢迎、受重视的。具体来讲，就是接待人员应站在对方的立场上，将心比心，以诚相待，以热情开朗、诚挚有礼、温和可亲的态度待人接物。即便有的来客脾气暴躁、难于应对，接待人员也要做到沉稳冷静、态度友善、有礼有序。接待人员心情不佳的时候，也要注意绝不能把个人的不良情绪带到工作中来，以免影响工作。

（二）环境准备

接待环境包括前台、会客室、办公室、走廊、楼梯等处，接待活动中应确保这些地方清洁、明亮、整齐、美观。例如，提前打开门窗或者通风设备，让空气流通，保持空气清新；调节好灯光，不要使光线过强或者过弱；适当在办公室、会客室摆放一些花卉或绿色植物，展现绿意盎然的生机和活力；保持安静、整洁、有序的办公环境，办公桌上的文件、文具、电话等物品要各归其位、摆放整齐，不常用的东西和私人用品，要放到抽屉里。

（三）物质准备

物质准备是指接待工作所需物品的准备，如迎送宾客的接待用车，接待现场的欢迎标语，接待人员所穿的服装，会谈时所用的桌椅、沙发、茶几。复印机、传真机、纸、笔等物品也要准备好，即使不放在会客室，也不要离得太远。茶具、茶叶、饮料要准备齐全。一般宾客可以用一次性纸杯，重要宾客要用正规茶具。

（四）了解来宾情况

接待人员收到接待任务后，要及时了解来宾的有关情况，包括来宾的姓名、性别、民族、单位、职务、生活习惯等。方便的话，可以直接和对方的相关负责人员取得联系，告知对方你是谁，需要和对方对接了解哪些事项，如对方来几人、几点到达、对方车牌号以及需要自己这边特别准备的事项等。

（五）确定接待规格

接待规格的确定是接待准备工作中的一个核心环节，它决定着礼仪活动的数量多少、规模大小、隆重程度以及由单位哪些领导前往迎接和陪同等，体现接待方对来宾的重视程度。接待人员要根据来访者的身份，确定接待的规格。所以，确定接待规格时应慎重全面地考虑。一般来讲，接待规格主要取决于接待方的主陪人的身份，从主陪人的角度来说，接待规格有三种。一是高规格接待，即主要的陪同人员比主要来访人员的职务、级别高的接待方式。这种规格的接待是要表示对对方的重视和礼遇。二是对等规格接待，即主要陪同人员与主要来访人员的身份、级别大体相当的接待。这是最常用的接待规格。三是低规格接待，即主要的陪同人员比主要来访人员的职务、级别低的接待。这种接待规格常见于基层，如上级领导到基层视察或者调研，只能采用这种规格的接待。

在接待规格的安排上，应根据宾客的具体情况而定，一般不可过高，也不可过低，以主要陪同人员的身份与主要来访人员的职务、级别对等为宜。具体采用什么接待规格，由接待方确定。当然，必须事先确定好接待规格，安排好接待人员，以免宾客到来后出现无人照顾的尴尬情形。

（六）拟订接待计划

拟订接待计划时，要充分领会来宾的意图，确定接待的主题是什么。比如，要弄清楚对方是过来开会还是汇报工作，是招商洽谈还是业务咨询。只有明确了接待主题，才能制订出相应的接待计划。

拟订接待计划时，要以领导对接待的意见为基础，广泛征求各有关方面对接待安排的意见。接待计划的主要内容通常包括三项：确定接待规格、拟定日程安排、提供经费列支。接待规格决定了人员、日程安排及经费开支。具体的接待方案涉及事项包括：接待的时间、地点，宾客的迎接，主要陪同人员、接待工作人员的安排，会见、参观考察、宴请、住宿、日程、结束送行的安排，等等。方案中的每项任务、每个环节都要细化到具体的部门和责任人员。接待计划里面还应包括经费列支，如工作经费、餐饮费、住宿费、交通费等。

接待计划和方案制订之后，要送有关领导审阅，待领导审定后，及时通知有关人员或召开专题会议详细安排，让每个参与人员都明确自己的职责和任务。接待方案在执行中要根据需要随时调整，并及时通知有关工作人员。

周到部署：来宾的迎接安排

对宾客的迎接是展现接待人员良好礼仪素养的重要环节。迎接宾客要有周到的部署，应注意以下方面。

（一）安排时间

对于来访人员正式抵达的时间，如具体日期、具体时间，以及相关的航班、车次等，接待人员必须准确掌握，并且再三核对，以免在接待过程中出现差错。为确保迎接工作万无一失，可以在对方出发前再次确认，以免情况发生变化，接待方的工作人员还不知道。为确保接待工作顺利进行，接待人员要提前到达迎接地点恭候宾客的到来，千万不能踩着点去迎接宾客，更不能迟到，否则会让宾客产生不被重视的感觉，甚至为此感到失望、不满。如果让宾客等待的时间太久，事后无论怎样解释，都很难消除宾客心里的阴影。

（二）确认地点

对于不同情况的来宾，迎接的地点也不一样。具体迎接地点应由双方共同商定。通常情况下，迎接地点包括车站、码头、机场等交通工具停靠站，饭店、宾馆等临时住处，办公大楼门口、办公室门口、单位门口等接待方办公地点。

在人流密集、人声嘈杂的地方迎接未曾见过面的来访人员时，一定要确认来访人员的身份。比如，可以在接待地点悬挂欢迎横幅，这种方法通常适用于迎接众多宾客或重要宾客；也可以事先准备好接站牌，在上面写上"×单位来宾接待处"或"热烈欢迎×单位××同志到访"等提示性文字。接待人员还可以佩戴身份胸卡供宾客确认身份，上面可以写明本人姓名、工作单位及担任职务等。在不确定对方是否为接待对象时，接待人员可以主动上前自我介绍，以确认自己是不是对方要找的人。

（三）热情迎接

在确认来访人员身份之后，接待人员务必要注意迎接时的礼仪。首先要向来访人员行注目礼，看到宾客走过来，就要把目光转向对方，用眼神向对方表达自己的关注和欢迎。行注目礼时，距离以五步为宜，在距离三步时就要向对方道以"欢迎到访我们公司""一路辛苦了"等问候语。和对方握手时，眼睛要注视对方面部的大三角区以示尊重，同时微笑致意，眼神要表现出真诚、热忱、关注等感情。

（四）适时献花

通常来讲，迎接普通来宾无须献花。欢迎重要来宾时，可以安排献花。所献之花应选择代表"欢迎、友谊、喜悦"花语的花卉，并且要用鲜花，花束要鲜艳、整洁。忌用黄色花卉和石竹花、杜鹃花、菊花。献花时间一般是在参加接待的主要领导与主要来宾握手之后，由儿童或女青年献上。鲜花可以只献给主要来宾，也可以分别献给所有来宾。需要注意的是，由于民族、宗族、国别和风俗习惯的不同，不同的鲜花代表约定俗成的含义以及同一品种鲜花代表的寓意都有所不同，所以献花时要根据来宾的具体情况选择合适的鲜花，以免弄巧成拙、好心办坏事。

（五）妥善安排

接待人员应提前准备好接送宾客的交通工具，避免宾客已经到了可是交通工具还没安排好，这样不仅耽误事，还会让宾客觉得接待方不专业、不认真。如果不是来访当天就要离开的宾客，住宿也要提前安排好，要帮宾客办理好一切手续并将宾客领进房间，同时向宾客介绍住处的具体情况以及此次来访的各项日程安排。将宾客送到住地后，接待人员应稍做停留，陪宾客交谈一会儿，了解宾客需求，热心解答宾客提出的问题，也可以向宾客介绍一下本地的民俗、景观、特产和美食等。当然，接待人员不宜久留，因为宾客旅途劳累，需要适当休息。

称呼礼仪：言之有礼暖人心

称呼是指人际交往中对他人使用的称谓和呼语，可用以沟通交流，也可用以表达感情。不管是在日常生活还是在社交场合中，人们都很在乎称呼的问题，对他人正确、恰当、得体的称呼蕴含着尊重和友好之意，能迅速拉近双方的距离，创造出和谐融洽的气氛。

（一）称呼礼仪的规范

怎么称呼他人看似简单，其实细节里隐藏着不少学问。在接待场合称呼来访人员时，接待人员应做到称呼正规、主次有序。

在工作岗位上，人们所使用的称呼自有其特殊性。接待人员可对来访人员以职务相称，以示尊敬。采用这种称呼，可仅称职务，或者在职务前加上姓氏，如"处长""主任""经理"，或者"李处长""张主任""刘经理"。特别正式的场合，职务前也可以加上姓名。不同职业有不同的业务职称，接待过程中可直接称呼对方的职称，通常可采用在职称前加上姓氏的称呼方式。特别正式的场合，职称前也可以加上姓名。如果接待人员只知道来访人员所从事的行业,对其职务、职称并无任何了解,也可以行业名称称呼对方。比如,称医生为"大夫",称学校教师为"老师"等。另外,接待人员与来访人员初次见面,交谈时要用"您"而不是用"你"称呼对方,以示谦虚与敬重。

在实际的接待场合,接待人员有时候要同时面对多名来访人员。这种情况要求接待人员称呼对方时既要做到面面俱到,又要做到主次有序,即先长后幼、先上后下、先女后男、先近后远、先疏后亲。依照这样的顺序由主到次、依次而行,不落一人,可以让大家都比较满意。

(二)称呼礼仪的禁忌

忌错误称呼。常见的错误称呼就是把来访人员的姓氏、姓名或者职务搞错了。例如,把"李处长"的姓氏弄错了,误认为是"刘处长";或者来访人员职务为"经理"却被接待人员称为"主任";或者来访人员的姓名里面有生僻字,因不认识的字而称呼错误。

忌没有任何称呼。在需要称呼来访人员时,一定要有适当的称呼。若在别人不注意的时候,直接目光转向对方,与人说话的时候不用任何称呼,或者以"喂""那个谁"来称呼对方,都是很不礼貌的行为。有的人是因为忘记了对方的姓名或者职务而不知道怎样称呼对方,这也是接待礼仪不允许的。

忌易引起误会的称呼。由于文化背景、风俗习惯等的不同,有些称呼可能会引起误会,使用时一定要慎重。比如我们经常使用"同志"这一词来称呼朋友或同事，但在一些海外地区，这个称呼可能就会引起误会。

忌随意称呼。在接待场合，特别是与来访人员熟悉之后，千万不要因此而忽略了对对方的称呼，一定要坚持庄重、规范、正式地称呼对方。每个人都希望被别人尊重，越是熟人，越是要彼此尊重，合乎礼节的称呼，正是表达对他人的尊重和表现自己修养的一种方式。如果因为和对方比较熟悉，就变得随随便便，以"老刘""老张"甚至用道听途说来的绰号随意称呼对方，对于接待人员来讲是极大的失礼。

问候应酬：寒暄礼仪面面观

寒暄的本意是见面时嘘寒问暖，目的在于表示友好，向人打个招呼。它不一定具有实质性的内容，却是向对方表达友好之意必不可少的礼貌用语。作为人际交往的重要内容，寒暄在接待工作中同样不容忽视。

（一）常见的寒暄方式

我们经常会遇到各种社交场合，与他人进行寒暄是一种重要的社交礼仪。寒暄不仅可以拉近人与人之间的距离，也能够表达友好和尊重。那么，接下来让我们一起来了解一些常见的寒暄方式。

1. 会晤式寒暄

会晤式寒暄是双方如约见了面或宾客来了以后，在交谈正题之前的问候，属于非正式交谈，它的主要功能是消除双方的陌生感，拉近感情距离，创造和谐融洽的气氛，便于正式交谈的开始。最常见的问候语如"您好""欢迎""请进""请坐"等，都可以在这时使用。相识的两人相见时，打招呼时可将一只胳膊举起，掌心向外，小幅度地左右摇晃手掌。

2. 问候式寒暄

问候式寒暄可以使用表现礼貌的问候语，如"早上好""节日好""新年好"等。如果双方比较熟悉，互相了解，可以使用表达思念和关心之情的问候语，如"好久不见十分想念""近来忙吗""身体好吗"等。这些话看起来是在向对方提问，其实并不是真想知道对方在忙什么、身体怎么样，而是在表达友好之情。

3. 敬慕式寒暄

敬慕式寒暄是对初次见面的长者、有成就的人尊重、仰慕、热情有礼的表现。如"久仰您的大名""我读过您的著作，非常喜欢""我听过您的演讲，受益匪浅""您看起来比实际年龄年轻得多"。这类表达敬慕的话语，听了让人觉得很高兴，双方的关系自然就拉近了。敬慕式寒暄也要讲技巧，比如夸赞的内容最好具体一些，这样效果才好。当然，恭维也不能太过分，否则会让人感到不舒服，甚至有讽刺的感觉。

（二）寒暄礼仪的要求

寒暄语的使用没有固定的模式，应根据环境、条件、对象以及双方见面时的感受来选择，只要让人感到自然、亲切就行。那么，寒暄都有哪些要求呢？

1. 要主动热情，真诚友善

与对方寒暄时，应积极主动，这也是待人接物的礼仪要求。寒暄时要看着对方的眼睛，充分表示尊重。目光不要游移不定，当然也不要目不转睛地盯着对方。说话吐字要清晰，语言运用要妥帖、自然、真诚，言必由衷。

2. 要根据中西方差异使用不同的寒暄语

通常来说，长者和晚辈、上级和下级间交往，若是前者为主人，应使对方感到主人平易近人、没有架子；若是后者为主人，应使对方感到主人对自己的敬仰和尊重。在涉外场合或与外宾人士交往时，要注意中西方在寒暄语使用方面的差异，不要引起误会。比如在中国人之间，寒暄时习惯以关切的口气，询问对方的籍贯、身体状况、家庭住址和生活习惯等，以此拉近彼此的距离。可是对于西方人来说，他们会认为这是有违礼节的打探和干涉隐私的行为。西方文化中经常使用的寒暄用语在中国也有不适用的情况，比如西方人习惯以"你真是太美了""你看上去真迷人"之类的寒暄语称赞女士，但是如果在中国用这样的话与女士寒暄，可能会被认为是言语轻佻。

3. 要注意把握时间，适可而止

做任何事情都应有个度，寒暄也不例外。恰当适度的寒暄有益于打开谈话的局面，但切忌没完没了，时间过长，让人厌烦。如果是许久不见的人，可以多说几句，但最好不要超过三分钟。如果对方很匆忙，彼此微笑一下，互相说一声"您好"，招招手、点点头即可。

介绍礼仪：自我介绍和居中介绍

介绍是接待活动中的重要环节，是人与人相识的一种基本形式。通过符合礼仪的介绍，人们可以增进沟通和了解、建立信任和联系。从介绍者所处的位置来讲，介绍可以分为自我介绍和居中介绍。

（一）自我介绍

自我介绍就是由自己充当介绍者，将自己介绍给他人。在接待场合，与来访人员初次见面时，双方互相还不认识，接待人员应先向对方进行自我介绍。这时的自我介绍，内容应当包括本人姓名、供职的单位及部门、担负的职务或从事的具体工作。介绍自己的姓名时，不能有姓无名，也不能有名无姓，两者缺一不可。介绍自己所供职的单位及部门时，最好都报出来，任职的部门在有些情况下也可以不报。介绍自己担任的职务或从事的具体工作时，可以报职务，也可以报自己所从事的具体工作。

向来访人员进行自我介绍，要力求简洁明了，所用时间越短越好，不要东拉西扯，说起来没完。在进行自我介绍时，应面带微笑，表情自然，看着对方或大家，要善于用眼神和亲切热情的面部表情来表达友好之情。从容自信、落落大方也是接待人员进行自我介绍时应当具备的风度，绝不能显得不知所措、畏首畏尾，说起话来语无伦次，行为举止慌慌张张，更不能一副随随便便、满不在乎的样子。

要想在自我介绍的过程中给别人留下良好的印象，应做到语气自然，语速正常，口齿清晰。说话的声音机械、含糊不清，语速过快或过慢，其实都是不够自信的表现，应努力克服。自我介绍时也不能盲目自大、自我吹嘘，否则会给人留下浮夸的印象。

（二）居中介绍

居中介绍又称他人介绍或者第三者介绍，是指介绍者把一个人引荐给其他人相识沟通的过程。在居中介绍中，介绍者通常是熟悉被介绍者双方的人、社交场合的长者、社交活动中的东道主、公务交往中的文秘人员、办公室工作人员、公关人员、接待人员等。

在为他人做介绍时，介绍的先后顺序也包含着相应的礼仪，在这个问题上，应遵循女士、年长者、身份高者、主人有优先了解对方的权利的原则。比如，介绍女士与男士认识时，应先介绍男士，后介绍女士；介绍老者与年轻人相识时，应先介绍年轻人，后介绍老者。在口头表达时，先称呼应当受到尊重的一方，再一一介绍对方。

介绍人为他人做介绍时，仪态应端庄，手势动作要文雅，无论介绍哪一方，都应抬起手臂，手掌向上倾斜，四指并拢，拇指张开，指向被介绍者，并向另一方点头微笑。作为被介绍的双方，在这个时候都应起身站立，面带微笑，正面对着对方，表现出结识对方的热情。介绍完毕后，被介绍的双方应依照合乎礼仪的顺序握手致意，并彼此问候对方。如有需要，双方还可以互换名片。

个人名片：自我介绍的文书

名片就是印有一个人名字、职务、联系方式等信息的卡片，可以说是自我介绍的一种文书。在正式场合，名片并不是可有可无的，它在一定程度上代表着接待人员的个人形象和企业形象。当然，名片的设计和使用也要遵循一定的规范。

（一）名片的设计

漂亮精致的名片，既有通讯录的功能，又有收藏的价值。因此，名片的设计和制作，应力求新颖、美观，给人眼前一亮的感觉。

名片的设计应遵循信息简洁明了、主次分明、真实可信的原则。常见的设计方法是：姓名印在名片中间，个人职务以稍小号字体印在名字的右边或者下面，任职单位及所参加的学术组织、社会团体的名称以稍大号字体印在名片左上角，地址、电话、邮箱、邮编等信息以小号字体印在名片右下方。设计名片时，应避免在上面印过多的头衔，以免给人虚张声势的感觉。同时，也要注意不要印上未批准、待批准或不存在的职务，以免给人留下弄虚作假的嫌疑。名片的版面应体现新颖别致的设计风格，可以从排版、图形、字体、字号、材质等入手，让自己的名片显得简洁大方、别具一格。印刷名片时，应选择高质量的纸张和整齐、协调的色彩，以提升名片的品质和视觉效果。

（二）名片的递交

当我们接待对方、被介绍给对方、希望与对方结识或者对方主动索要名片时，我们可以把自己的名片递送给对方。递送名片时，应遵循"尊者后递"的原则，即年轻的先递给年长的，职务低的先递给职务高的，主人先递给宾客，男士先递给女士。如果是对方先拿出名片递过来，自己应该大方收下，不必过分谦让，然后回递自己的名片给对方即可。如果对方不是一个人而是多个人，交换名片时应按照由近及远或者职位高低的顺序依次进行，对方围圆桌而坐，可以按照顺时针的方向依次进行，不可跳跃递送。如果是陪同上司和领导接待来访人员，应该等上司和领导交换名片后，自己再和来访人员交换名片。

我们携带名片时，应该将其放到手提包或者名片夹里，而不能放在口袋里。递送名片时，应面带微笑并注视对方，稍欠身，双手持名片，正面朝上递给对方。可以简要介绍一下自己，但要注意自我介绍时间要尽量简短。

名片就像一个人的脸面，不宜涂改，也不宜折损或弄脏，将涂改、折损或脏污的名片递送给他人，是对自己形象的不重视，也是对对方的不尊重。另外，名片要放在固定的位置，方便取用，避免需要用到名片时却找不到的尴尬。

（三）名片的接收

当对方递过来名片时，我们应面带微笑，站起来双手去接，并致谢对方。接过名片后不要立即收起来，而要仔细看一遍，如果名片上有不认识的生僻字或不清楚的地方，应礼貌地向对方请教。看完后再将名片收好，不可当着对方的面随意乱放或随便放入口袋，这是对他人不尊重的表现，会让人产生不良印象。如果收到名片后与对方谈话交流，就暂时不要将名片收起来，而应该放在桌子上，这是对他人尊重和重视的表现。第一次见面后，应在名片背面记下与对方认识的时间、地点等信息，也可简单记下对方的籍贯、特征、专长等。这样名片就成为自己的社会档案，为以后的接触打下良好的基础。

握手为礼：你的姿势正确吗

握手是人们在社交中常用的一种礼节，似乎人人都知道怎么握手，但事实上并不是每个人都做得规范。作为接待人员，如果不懂得握手的礼仪规范，即使与来访人员握了手，对方也会觉得你不专业。

（一）握手的顺序

在接待场合，握手是分先后顺序的，即握手的双方应当由谁先伸出手来握手。在这个问题上，一般遵循"位尊者先伸手"的原则，体现对尊者的尊重。根据这个原则，面对主人、上级、长辈或女士时，要等对方主动伸出手才可握手。在与女性握手时，即便男性一方是女性的父辈年龄，仍应等女性主动伸手，除非男性是女性祖辈年龄，男性可先伸手。一般情况下，如果女士不先伸手，男士一定不要先向女士伸手。如果女性无握手之意，可用点头或鞠躬致意来代替。在接待来访者时，握手顺序也存在着特殊情况，即宾客到来时，不管对方是男士还是女士，一般都应由主人主动伸出手来与宾客握手，以表示对宾客的欢迎；而在宾客告辞时，则应由宾客先伸出手来与主人握手，以表示和主人告别。当多人在场，一个人需要与多人握手时，在遵循位尊者先伸手的原则下，要讲究先上级后下级、先长辈后晚辈、先女士后男士、先主人后宾客等先后次序，当然也可以按顺时针方向依次握手。需要特别指出的是，在握手时如果对方忽略了握手礼的先后顺序而主动伸出手来，最得体的做法还是应与之配合，毫不迟疑地回握对方的手。

（二）握手的姿势

和别人握手时，可以在相距约一步左右时，上身稍向前倾，伸出右手，四指并拢，拇指张开，双方伸出的手握起来即可。两手相触后，要做到手指弯曲，紧紧握住，表达自己的热情。平伸手掌、指尖轻碰，会让人觉得傲慢；别人伸手相握，你却有气无力地一握即放，也会给人留下冷漠、冷淡的印象。当然，握手时也不能太用力、攥着不放，这会让对方感到不舒服。和女士握手时，轻握女士手指部位即可，不要把自己的手掌贴到女士的手掌上，不要满手掌相触。

握手时，通常会进行简短而有力的摇手动作，这不仅是信任对方，同时也是自信的表现。做这个动作时，要注意摇动的幅度和时间的长短。对于相互之间十分信任的人，握手时可用另一只手握住对方的手臂，以表达非常友好、亲近的情谊。有时为表示对对方特别尊敬，也可用双手迎握。

一般来讲，握手的时间宜短一些，具体可根据双方的熟悉程度灵活掌握。如果是初次见面，握手时间以1~3秒钟为宜。与异性握手时，不能握着对方的手久久不松开，当然与同性握手的时间也要有所控制，以免对方因握手时间长而不知所措。

与人握手，精神要集中，神态要专注，双目注视对方，面带笑容，微笑致意或进行简单的问候、寒暄。握手时不要看着其他人，更不能东张西望、左看右看，这都是不尊重对方的表现。

（三）握手的禁忌

忌用左手相握。尤其是在国际交往中，用左手和别人握手可能会引起许多麻烦和误解。有些国家的风俗习惯，左手和右手有明确的分工。左手被认为是不洁的，不能用来握手、签字或拿食物等，因此，在进行握手礼时，使用左手会被认为是极不礼貌的行为。

忌戴手套或拿东西。女士在某些社交场合戴薄纱手套握手，是被允许的。在接待场合，握手时戴手套是有悖礼仪要求的。另外，右手和被人握手时左手拿着东西而不肯放下的行为，也是不允许的。

忌点头哈腰。握手时适当地点头和上身微微前倾是正确的，但是如果不断地点头哈腰，要么显得不够自信，要么显得过分客套。表现得不自信，其实不利于个人和企业良好形象的建立，而过分客套不仅不会令对方感动，反而会让对方不自在，甚至是不耐烦。

忌拒绝与别人握手。在没有特殊情况的正式场合下，拒绝与人握手是很失礼的行为。如果自己手部有疾病或者不小心弄脏了，要和对方表达歉意并说明情况，以免造成误会。还要特别注意的是，不要在和别人握手之后当着对方的面擦手，这种行为是在表示嫌弃对方、不想和对方握手，是非常不礼貌的。

知礼而行：乘车礼仪规范

在接待工作迎来送往的过程中，乘车肯定是少不了的。接待人员在安排来访人员乘车时要懂得乘车座次礼仪和上下车礼仪，这样才能给来客以周到、专业的印象，展示个人良好的职业素养和企业的良好形象。

（一）乘车座次礼仪

在接待来客时，坐车不仅仅是"坐过去"那么简单，还需要注意座次的安排。如果是由专职司机开的小轿车，以后排右座为尊，应把主要来宾安排在这个座位，陪同人员安排在后排左座。如果是三排座或三排座以上的商务车，以驾驶员身后的第一排为尊，距离车门近的位置为主座，由前向后，由右往左，离门越近，位置越高。中巴车的座次与小轿车、商务车有很大的不同，以中门正对着的那一排的后面一排左边靠窗位置（也就是中门的斜后方）为尊。大巴和大客车以司机正后方第一排靠窗的位置为尊。大巴和大客车上的座位，礼仪的重要性从前往后依次降低。上述几种座次安排都是专职司机开车时的礼仪规范。如果是由朋友、同事、合作伙伴等非专职司机开车，以副驾驶的位置为尊。

一般来讲，在接待场合安排乘车，应请来宾就座于上座，这是对来宾的礼遇和尊重。然而，更为重要的是，接待人员应尊重来宾本人的意愿。如果来宾的个人意愿与乘车的座次礼仪有所不同，或者因不明白座次礼仪而坐错了地方，我们也不必过分拘泥于礼仪，这时候要讲"主随客便"。

（二）上下车礼仪

在接待场合，上下车也有一定的礼仪规范，应当认真遵守。一般来讲，上下车应遵循"方便来宾，突出来宾"的礼仪原则。上车时，接待人员应为来宾打开车门至最大并用左手固定车门，同时用右手护住车门的上沿，防止来宾上车时撞到头部，待来宾安全坐进去后关好车门，然后自己再上车。下车时，也应遵循这样的礼仪。在多人同坐一辆车的情况下，谁最方便下车谁就先下车。

接待人员自己在上下车时，动作应当文雅，不要着急忙慌，更不要连蹦带跳、拉拉扯扯。上车后，也要注意行为举止，保持得体的仪态仪表，不要随便脱掉外套，也不要东倒西歪，更不要在车上吸烟或是连吃带喝。

女士上车时更要注意仪态的优雅，比如可身体背向车厢，拢起裙子轻轻坐到座位上，同时上身及头部入内，坐好后合并双脚一同收入车内。女士下车时，应将身体尽量移近车门，立定，然后正面朝车门，双脚先着地，再将上体头部伸出车外，同时起立出来。需要注意的是，下车时也要双脚同时着地，不可跨上跨下，有失礼仪。

引导陪同：礼遇来宾重细节

引导陪同是指在接待来访人员时为之带路或陪同对方前往目的地。通常来说，引导者多为接待方的接待人员、礼宾人员等。如果来访人员为贵宾，也可由接待方的主要领导或者负责人亲自引导。引导礼仪同样体现着对来宾的礼遇，接待人员应遵循相应的礼仪规范。

（一）引导位置和引导姿势

如果引导人员与来宾并排行进，引导者应走在外侧，请来宾走在内侧；如果来宾单行行进，引导者应当行走在来宾左前方，请来宾走在右后方，距离来宾1米左右。来宾人数越多，引导的距离也应该越远，以避免出现照顾不到的情况。

常用的引导手势有横摆式、曲臂式、斜臂式等。横摆式适用于指示方向，是指将五指伸直并拢，手掌自然伸直，手心斜向上，肘关节弯曲，腕低于肘，以肘关节为轴，手从腹前抬起向右摆动至身体右前方的手势。这种引导手势还要求双脚形成右丁字步，左手下垂，头部和上身微向伸出手的一侧倾斜，目视来宾，面带微笑。曲臂式常表示"里边请"，是指五指伸直并拢，从身体的侧前方由下向上抬起，上臂抬至离开身体45°的高度，然后以肘关节为轴，手臂由体侧向体前侧摆动呈曲臂状，请来宾进去的手势。斜臂式适用于请来宾入座，是指一只手曲臂由前抬起，以肘关节为轴由上而下摆动，指向斜下方的手势。另外，使用引导手势时，要多用"您好！""请"等敬语，以表示友好与尊重。

（二）楼梯引导礼仪

如果是走在宽楼梯上，引导人员可以与宾客并排上下楼梯。这时应该让宾客走在楼梯的内侧，安全又省力。如果是窄楼梯，引导人员无法与宾客并排行进，在楼梯上只能一上一下、一前一后，这时引导人员要走在前面，宾客走在后面。不过需要特别注意的情况是：如果是一位女性引导人员同一位男性宾客上窄楼梯，男士应该走在前面，也就是走在楼梯的上方，以免引起女士的尴尬。在上下楼梯时，大家都需要脚下留心，以防身体失去平衡，因此不宜进行交谈。另外，还要注意与身前、身后之人保持一定距离，以防彼此碰撞。

（三）电梯引导礼仪

负责引导陪同工作时，经常需要出入电梯，因此也要注意乘坐电梯的礼仪。乘电梯时，按下电梯按钮后，应站到电梯的一侧等待。搭乘电梯的基本要求是：里面的人先出来，外面的人再进去。与不认识的人同乘电梯，进电梯时要有序进入；出电梯时则应由外而里依次而出。与宾客同乘电梯时，则应视电梯类别而定。如果是有司梯员的电梯，应请宾客先进去、先出来，引导人员后进去、后出来。如果是没有司梯员的电梯，则应由引导人员先进去、后出来，以操控电梯。乘电梯时，一定要注意安全，如果电梯门正在关闭，不要扒门或者强行挤入。电梯超载时，也不要一直站在电梯里面等候，非进去不可。面对这种情况，要从容应对，耐心等待下一趟电梯。

（四）进出房间的礼仪

进出房间也是引导陪同工作的重要内容。房间的门分为内开（手推门）和外开（手拉门）两种。在打开内开的门时引导人员应先进去，然后握住门把手，请宾客进来；打开外开的门时，要用靠近把手的手拉住门，站在门旁，然后请宾客进去。引领宾客出入房间时，引导人员应以手轻推、轻拉、轻关房门。

需要指出的是，如果在引导过程中遇到某些必要的情况，引导人员应当向宾客予以介绍或提醒，比如引领宾客进入办公楼、会客室等处，应向其做出说明。引导宾客上下楼梯、出入电梯、进出房间等，应做出"请这边走"这样的提示。

以茶待客：奉茶礼仪知多少

接待来访人员，茶水通常都是必备的。作为接待人员，应当对奉茶礼仪有所了解，以免因失礼让来宾产生误会或不愉快的感受。

（一）茶具要清洁、完好

宾客进屋后，应先请宾客落座，然后备茶。冲茶之前，一定要把茶具洗干净，即便是已经清洗过的茶具，在冲茶、倒茶之前最好也要用开水烫一下，这样既能保证卫生，又能显现彬彬有礼的态度。茶具可以用简单质朴的，也可以用精美独特的，但是无论使用什么样的茶具，都要特别注意茶具有无残破，如果茶具有缺损或裂纹，一定要及时换掉。用破损的茶具待客，会使茶之美尽失，也是对宾客的怠慢。

（二）沏茶有讲究

沏茶前，可征求一下宾客的意见，比如问问对方喜欢绿茶、红茶、花茶还是乌龙茶。有条件的可以让宾客自己选择。顺便还可以准备些糖、奶等，以备宾客之需。取茶时，茶叶要适量，不宜过多，也不宜太少。茶叶过多，茶味过浓；茶叶太少，茶味过淡。当然，如果宾客有特别要求，主动介绍自己喜欢喝浓茶或淡茶，那就满足宾客的喜好。如果用来招待宾客的不是袋泡装的茶，而是散装茶，取茶时一定不要用手去抓，要用茶匙或茶则将茶袋或茶罐中的茶取出放入泡茶器中。不管是从品茶的角度、卫生的角度还是礼仪的角度来看，都不应该用手抓取茶叶。

（三）倒茶有规矩

倒茶时，为表示对宾客的尊重，在使用一次性纸杯时，最好用杯托。这里需要说明的是，无论用什么样的杯子，倒茶时都要掌握好所倒茶水的量。俗话说，茶倒七分满，留下三分是人情。我们喝酒时，会给宾客倒满以表达满满的情谊，但喝茶与喝酒不同，如果将刚冲泡的热茶倒满茶杯，茶水很容易溢出来。这不仅会让茶杯变得烫手，还可能导致茶水溅到手上，造成烫伤。因此，倒茶倒七分满就可以了，也就是说达到茶杯容量的三分之二即可。当然，茶水也不宜倒得太少，这样会使宾客觉得接待方是在装模作样，不是诚心实意。

（四）上茶有次序

上茶不按次序，即使上茶者仪态优雅地奉上好茶，也有失礼仪。因此，上茶时要注意先后顺序，一般应遵循尊者优先、长者优先、宾客优先、女士优先的原则。接待来宾时，应以职位的高低顺序先端给不同的宾客，再以职位高低端给自己公司的接待同仁。

（五）续茶要及时

接待人员要随时注意宾客杯中的茶水存量，及时续茶。如果是有盖的杯子，可把杯盖翻放在桌上或茶几上，续完水后把杯盖盖上，再按照原位摆放即可。在为宾客添茶水时，动作要稳，举止要落落大方，不要妨碍到对方。续茶时要注意，不可把杯盖扣放在桌面或茶几上，这样既不卫生，也不礼貌。在给宾客续茶时，如果发现宾客杯底有过多的茶叶沉淀物，需要为宾客洗净茶杯后再添茶。放置茶壶时，一定不要将茶壶嘴对着宾客，这是极不专业和极不礼貌的行为。

会面完毕，宾客离席，把宾客恭送而出后，才能把茶具收起来，一定不要在宾客还没走时就收拾茶具，这样会让人误以为是在"赶客"。

第四章

一定之规： 工作安排有礼有序

会务工作：千头万绪也有序

会务工作千头万绪，涉及众多流程和细节，稍有不慎就可能出现疏漏。通过合理规划和精心安排，可有序、高效地做好会务工作，确保会议获得预期效果。

（一）会前各项准备

做好会前准备工作，首先要明确会议名称、目的、时间、地点、参会人员、主要议程、会务工作任务及职责分工等内容。明确这些分工内容后，须报经相关领导审定。待领导审定之后，还要制订详细的会务工作计划。

在会议筹备阶段，要拟定和下发会议通知。其内容除了会议名称、主要内容和议程、时间和地点，还包括参会单位和部门、会务工作联系人姓名和电话等。落实参会人员、协调出席领导、预订会议室、制作会议证件等工作也要在会议筹备阶段完成。

会议用品是开会时不可或缺的，也要提前准备好。会议用品主要包括文具、茶具、茶歇等。文具一般包括笔、本、文件包（袋）等。茶歇一般包括甜品、水果、咖啡、茶等，应按照与会人员的数量及会议规格合理购买。如果是表彰会议，还要购买奖品等。购买会议用品时，要本着勤俭节约的原则，按照会议方案中的预算购置。

（二）会议现场布置

如果是召开重要会议，必要的彩排工作应提前做好，会议期间的演讲稿件和电子演示文档需要统一规范，投影仪、幕布要根据会议实际需要合理摆放，话筒也要提前调试以保证无损坏、无故障。会议室内的照明灯也要确保没有损坏，如有损坏，需要提前修理更换。

会议室卫生情况要认真检查，确保地面、门后、窗户边角缝内无垃圾和灰尘，玻璃上没有污渍以及擦拭的痕迹；室内的空调、开关、天花板、墙面无污渍，更不能出现蜘蛛网；垃圾桶也要清理干净，套上干净的垃圾袋。

桌椅、杯具等会议用品要摆放整齐，可采用拉线的方式调整。会议室角落、椭圆形长桌中间空地等处可摆放花卉，但是会议桌的花卉不可过高过大，花卉颜色的选择可视会议主题来确定。

会议用品要齐全，不能缺这少那，应根据与出席会议的人员数量摆放好桌椅、桌牌、果盘、杯具、笔、本、会议议程及其他会议所需要的文件。横幅（会标）、演讲台、签到桌、指示牌、花草等也要提前准备好。需要特别注意的是，全场桌牌一定要认真核对，防止遗漏、重复和出现错别字。

会议用品还要有序摆放，如座次牌摆放在座位的正前方，杯垫及水杯摆放在右手正前方，水果或瓶装纯净水（以防领导不喝茶水）可放在左手前方，笔记本、笔、会议资料及其他与会议相关的纸质文件可放在正中位置。

（三）细化会中服务

会议中，良好的服务能够提升整个会议的效果和氛围。细致周到的会中服务不仅能让与会者感到舒适和受到重视，也能为会议的顺利进行做出贡献。以下是一些关于会中服务的细节。

1. 做好会议报到、签到工作

会议报到工作主要包括出席会议人员身份确认、签到、分发会议资料、引导入座等。这项工作要安排专人进行服务，特别是签到工作，要明确签到负责人员，打印好签到表放置会场，提醒参会人员签到，并做好参会人员登记工作，实时掌握人员到会情况。签到一般是在签到簿上签名，然后发放入场证、签到卡。签到后安排分发会议文件和材料，如果是涉密材料，必须严格登记，会后及时收回，以免泄密。

2. 维护会场秩序

会议召开期间，应安排会务工作人员现场值班，以便处理临时事项，维护好秩序。比如，实时监测会议室灯光、音响等情况，以免发生意外；维护大、中型会议的场内秩序，制止不遵守会场纪律的行为。作为工作人员，一定要谨慎行事，不要干扰会议的正常进行。会议进行的过程中，如果出现特殊情况，要及时请示，妥善处理，尽量减少对会议的干扰和影响。

3. 做好协调工作

在会议进行过程中，必须高度重视协调工作。工作人员既要做好分内的工作，又要有全局意识，注意具体工作和全局工作的衔接和配合，做到服从领导、听从指挥，使具体工作服务于全局工作，不得自作主张，各行其是。会议中的各项服务工作既有分工，又互相联系，这就要求我们既要清楚自己担负的职责，又要了解会议服务的总体要求，做到既各负其责，又密切协作、主动配合，步调一致地进行工作。

调研参观：妥善安排周到服务

来访人员特别是上级领导来企业调研和参观，是企业经营活动和对外交往中的一项重要工作，接待人员务必要妥善安排、周到服务，为企业发展争取良好的外部环境和支持力量。

（一）调研接待安排

调研通常是上级对下级进行的调查研究工作，能够为上级领导的决策提供科学依据。作为下级单位，务必要做好上级领导调研活动的接待工作。

首先，要制定调研活动接待方案。接待方案要详细，内容应包括调研的目的、调研人员的身份、调研的时间和地点、行程安排、食宿安排等。比如，用餐安排，不仅要在接待方案中标明一日三餐的用餐时间、具体地点，还要注明用餐形式、陪同人员等；住宿安排，不仅要标明楼层和房间号，还要考虑调研人员的习惯和需求；车辆安排，不仅要注明乘坐什么样的车，乘坐的车号、座次等也要考虑在内。

其次，依照调研活动接待方案，可以制作出纸质的接待手册供调研人员使用，这样大家不仅对调研的地点、时间、安排心中有数，还可以节省沟通成本。另外，针对特殊情况要有周到安排。如有的领导年纪较大，应考虑准备一些基本的药品；天气炎热，要考虑准备草帽、防暑物品等；考虑可能堵车的路况，要提前规划备用的调研路线。

在接待工作中，接待人员不仅应成为"信息之源"，随时能准确回答接待过程中的任何问题，还要把握好细节，把接待工作安排得细致流畅，到哪里、干什么、时间多长都能够准确地把握等。这样一来，调研人员能够感受到工作的顺利开展，形成良好的印象。

（二）参观活动的接待

来访人员和上级领导前来参观也是一项非常重要的活动，广泛存在于各个企业。接待前来参观的领导和来宾，既要遵循相应的接待礼仪，又要根据参观活动的特点做出具体安排。

在安排参观项目时，可选择能够体现企业品牌和实力的优势项目、在行业内取得突破性进展的成果等，这将有助于扩大企业的影响。安排参观项目时，也要适当地照顾来访人员的意愿，考虑参观者个人的特点和兴趣，以调动参观者个人的积极性，使之全身心地投入参观。当然，如果是上级领导莅临参观，有时候包含调研和视察的安排，应认真听取领导的意见，安排相应的参观项目。

外商来本企业参观时，对企业的介绍应简明扼要、实事求是，展示企业形象的形式要活泼多样。有益于对外宣传的内容，应及时向外宾介绍。介绍情况时，应面向全体外方人员，注意避免冷落其中一些宾客。对方提出的问题，应区别情况慎重、简明地答复，不要不懂装懂，不要轻易表态，更不要信口开河。另外，要注意内外有别、遵守保密规定，不要随意允诺送给宾客产品、研发资料等。接待外宾参观时，还要注意陪同参观人员不宜过多，同时应做好保卫工作。

工作用餐：简单安排方便快捷

工作用餐又称工作餐、餐会或商务聚餐，是通过用餐的形式进行的一种商务聚会。一般来讲，工作餐是招待来宾的项目之一，属于各种正式商务活动之后的一个附属环节。用工作餐招待来宾，方便快捷，但也有一些注意事项。

（一）就餐时间的安排

工作餐通常在商务活动之后，因而具体的时间要根据商务活动来安排。不过，工作餐很少安排在晚上，一般会安排在午间，用餐时间以1小时为宜，最多不超过两个小时。因为在用餐之后，大家可能还会有其他的工作或者活动安排。举行工作餐之前，主人应以适当的方式提前告知宾客，但是不必向宾客发出正式的邀请函。在用餐方面，工作餐也没有太多的礼仪规矩，用餐者可以随到随吃。用完餐之后，也不必等着和大家一起退场。只要自己觉得吃好了，用餐者就可以离开。安排工作餐时，要对所有的来宾一视同仁，不能有的安排工作餐，有的安排正式的宴请。

（二）就餐地点的选择

通常来讲，工作餐在哪里吃，地点应由接待方选定，来客应客随主便。具体而言，饭店、宾馆、咖啡厅、快餐店、接待方的自有餐厅等，都可以作为工作餐的用餐地点。当然，选定工作餐的具体地点时，应兼顾主客双方的具体情况。例如，若是主客双方用餐人数不多，主人想要借共同用餐之机与宾客初步敲定某一笔生意，用餐地点可选在安静、优雅之处，以免受到打扰。

尽管工作餐由主人安排，地点也由主人选择，但主人在具体选择餐厅时，也应照顾宾客的习惯与偏好。比如，可以向宾客同时推荐几个自己觉得不错的地方供宾客选择，或者让宾客提出几个地点，然后再由宾主双方共同商定。选择用餐地点时，一定要考虑到就餐人数，不宜选用餐区域过于狭小的地方。另外，还要重点考虑就餐地点的环境、安全、卫生条件达标，温度、湿度、光照适宜。环境条件差或过于拥挤的用餐地点，会让宾客产生不好的用餐体验，影响接待工作的质量。

（三）菜肴的选择

相较于正式的宴会，工作餐的安排以简单为要，不必过于丰盛，其基本要求是吃饱，而不是吃好。只要菜肴清淡可口，并且够吃，这样就基本可以了。工作餐的菜肴安排应由接待的主人负责。主人在安排菜肴时，也可征求一下来宾的意见，以示对来宾的尊重。如果工作餐安排在营业性餐厅，可酌情安排一些该餐厅的特色菜。

（四）宾客的迎候

按照惯例，举行工作餐时，主人一方应先于宾客抵达就餐地点，以迎候宾客们的到来。一般来讲，主人一方应至少提前15分钟抵达用餐地点，在餐厅或饭店、宾馆的正门外、预订好的餐桌旁，或者宾主双方提前约好的会面地点迎候宾客。宾主双方见面后，应一一握手，并互致问候。如果双方的人员平时没怎么接触过，还不太熟悉，主客双方的负责人应进行相应的介绍。

（五）宾客的招待

即便安排的是工作餐，主宾也要受到重点照顾。比如，主人应陪同主宾就餐，并请主宾先落座于较佳的座次，包括面对正门之处、主画之下、视野开阔之处，以及能够观赏优美景致的位置。可以的话，主客双方共进工作餐的人尽量不要分桌就座。若是就餐人数较多，同一张餐桌上安排不下，可将双方所有用餐者分桌安排在同一个包间之内。

作为主人一方的陪同和接待人员，除了对自己用餐时的举止表现要严格注意外，还需与他人和睦相处，主动进行适度的交际，并且适当地为彼此互不相识的宾客创造一些相识的机会。工作餐的用餐场合也是社交场合，我们不能只顾自己，躲在僻静之处专注于吃饭，或者匆匆吃完就离开，而不与宾客有任何交流。

（六）**餐费的结算**

按照惯例，工作餐的费用应当由主人一方负责。若是宾主非常熟悉，则主办方人员付账时可不拘泥于细节。若是宾主双方初次相识，或者交往甚浅，则主方人员应事先与服务员谈好，说明由谁付账，以免服务员不分主客将账单递给宾客。付账时，主办方人员可独自前往收款台结账，或者在送走宾客后再回来结账。

聊表寸心：馈赠礼仪规范

馈赠是社会交往中常见的一种礼节，也是商务活动中不可缺少的内容。在接待场合，馈赠来宾适当的礼品，可以表达情意、联络感情、增进友谊、促进交往。馈赠礼品时，也有一些注意事项。

（一）侧重礼品的纪念意义

金钱并不是衡量礼品价值的标准，礼品的价值是通过它本身的意义来体现的。这就告诉我们，馈赠来宾礼品时要考虑其纪念性、艺术性等，尽量避免随大流。礼品重纪念重情谊不重价值，要富有纪念意义，比如有一定的寓意，与特定的人、事、环境有关，让受礼人见物思人忆事。作为企业，在商务交往中可以把自己制作的产品或产品模型作为礼品馈赠客户，这样不仅可以增进与对方的友谊，对宣传企业产品也有一定的作用。

（二）注意宾客的喜好和禁忌

不同的人因国家、民族不同，个性特征、兴趣爱好、生活习惯各异，对同一礼品的态度也是不一样的。所谓"红粉赠佳人，宝剑赠侠士"，选择礼品，要站在受礼人的立场上，为受礼人考虑。礼品不在价格贵重，而在受赠者喜欢。如果礼品符合受礼人的兴趣和爱好，它的作用就会倍增；否则它就会成为包袱，留之无用，弃之可惜。还有一种情况要特别注意，就是馈赠礼品要注意受礼人的禁忌。

一般来讲，禁忌主要包括两个方面，一是因受礼人的个人原因而形成的禁忌，二是由于宗教信仰、风俗习惯以及文化背景等原因而形成的公共禁忌。因此，在选择礼品时，要尽可能全面了解受礼人，尽量把礼品送到受礼人心坎儿上。

（三）注意礼品的包装

没有包装或者包装太随意的礼品是失礼的，会让受礼者产生不被重视的感觉。精美的包装不仅可以使礼品看起来更高雅，展现出赠礼人的品位，还可以传达馈赠人的尊重之情。在包装礼品时，有一个细节要注意，就是一定要把礼品的价格标签去掉。如果是易碎的礼品，要装在填充着气泡袋、海绵等防震材料的硬质材料盒子里，外面用礼品纸包装，再用彩色丝带系一个漂亮的蝴蝶结或梅花结。礼品包装完后，还可以贴上写有得体祝词的卡片，以表达馈赠人的情谊。要注意，礼品包装纸的图案、颜色以及丝带的颜色、结法等，都不能与受礼人的文化背景、风俗习惯和禁忌相冲突。

（四）注意人多场合的礼品赠送

在人多的场合发放礼品，要记住不能因为疏忽大意而漏掉一些宾客，也不能因为礼品准备的不够而致使一些宾客没有得到礼品。准备礼品时，可多备一些，避免出现因礼品不够而导致的尴尬情况。在这样的场合赠送的礼品一般不宜过于贵重。需要注意的是，根据一些国家的风俗和礼仪，主宾和陪同人员的礼品应有所区别，否则就会被对方认为是失礼的行为。

（五）注意赠礼的神态

赠送礼品也要讲究赠礼的礼仪，否则便发挥不了其社交作用。向来宾赠礼时，神态应自然、庄重，态度要平和、友善，礼品要用双手捧着递送到受礼者手中，并辅以礼节性的语言，简短、热情、得体地说明赠礼的原因、礼品的寓意，表达作为主方的心意。那种随意放置礼品，不考虑宾客感受的做法，是有悖礼仪要求的，只能起到相反的作用。

签约仪式：讲究流程重细节

签约仪式指的是双方通过会谈、协商，对于相互合作达成一致性的意见，并互换正式合同或协议文本的仪式。这是一种比较常见，也是比较隆重的活动，有严格的礼仪规范，讲究流程和细节。作为接待人员，在这种场合不仅要认真做好自己职责内的具体工作，更要知礼守礼。

（一）签约人员的安排

举行签约仪式前，主客双方应根据签约文件的性质和内容，确定好参加签约仪式的人员；客方应将出席签约仪式的人员提前通报给主方，这样才方便主方做出相应的安排。一般来讲，出席签约仪式的人员，应是参加会谈的全体人员。如果一方出于某种需要而要求让某些未参加会谈的人员出席，另一方在知情后应予以同意。出席签约仪式的人数、签字人的身份、地位和级别，双方应大体相等。

（二）待签文本的准备

签约之"约"，即是对承诺的正式履行，一旦签订便具有法律效力。因此，在正式签署文件之前，双方应指定专门人员分工合作完成合同或协议文本的定稿、翻译、校对、印刷、装订等工作。待签文本应是正式的、不再进行任何更改的标准文本。按照惯例，正式签字的双方都要有一份待签的文本。待签文本应以精美的白纸精制而成，按大八开的规格装订成册，并以高档质料作为其封面。

（三）签字厅的布置

一间标准的签字厅，房间内应铺上地毯。签字使用的桌椅也不可缺少，签字桌应为横放于室内的长方桌，可铺上显得庄重、大方的深绿色的台呢。桌后可放置两把座椅，供双方签字人就座。双方桌牌应摆放在签字桌上，左边为主方，右边为客方。待签的合同、协议以及签字笔等文本、文具也应事先摆放在桌上。若是与外方人士签署合同、协议或条约，各方国旗也应插放在签字桌上，其位置与顺序必须遵循礼宾序列。

（四）签字人员的位次排列

举行签字仪式时，双方代表座次的安排非常重要，通常由主方代为先期排定。按照以右为尊的商务活动礼仪惯例，在签署双边性合同时，应请客方签字人坐在签字桌右侧，主方签字人坐在签字桌的左侧。双方的陪同签约人员可以按照前为尊、中为尊、右为尊的规则在己方签字人的正对面就座，也可以依职位高低依次自左至右（客方）

93

或是自右至左（主方）地排列成一行，在己方签字人身后站立。

（五）签字仪式的基本程序

签字仪式应遵循规范的程序，包括宣布开始、签署文件、交换文本、饮酒庆贺等四项内容。签字仪式的第一项是宣布签字仪式正式开始，参加签字仪式的双方代表进入签字厅，在各自既定的位置上正式就位。第二项是双方签字人正式签署合同或协议的文本，先签署应由己方所保存的文本，然后双方交换文本，再在他方所保存的文本上签字。第三项是双方签字人郑重地交换双方已经正式签署的合同或协议文本，同时握手、致意、祝贺，双方人员站立鼓掌祝贺。第四项是服务人员端上红酒或香槟酒，双方签约人员举杯同庆，增添签字仪式的喜庆色彩。

合影礼仪：照片里的学问

所谓合影，通常就是若干相关人员集合在一起，拍摄作为某种用途的照片。在进行会见、会谈的过程中或者会谈后，若是需要合影，应适时安排与宾主双方合影。合影看似简单，但是对一些事项也要提前安排，多加注意，以免届时出现场面混乱的情况。

（一）充分准备

做好合影的准备工作，应特别注意一些细节。

一是主随客便。在进行合影之前，应征得来宾同意，以便来宾有所准备。如果来宾不愿意照相，也不要勉强对方。一些外方人士出于种种原因忌讳、抵触拍照，主方对此应予以理解和尊重。

二是布置场所。拍照时，场所要选择得当，而且要认真布置，过于随意或是过于简陋，会影响会议的档次。如果在室内照相，要注意场地的大小和光线的明暗等问题。如果在室外照相，要特别注意天气的问题，雨雪、大风、酷热等天气都不适合在户外拍照。不管在室内拍照还是在室外拍照，都要考虑到背景的布置，以保证合影的效果。

三是准备好器材。拍摄合影时所需的一切器材，均应提前准备好，以免需要用到某个器材时却找不到。如果是正式的合影礼仪，可以请专业的摄影师使用专业的摄影器材进行拍摄，这样合影的效果会更好一点儿。

四是确定时间。合影之前，务必将具体的拍照时间通报给全体参加人员，让大家提前准备。合影的过程中，要有序组织，以免大家自由散漫，影响拍照的效率。

（二）合影位次的安排

在正式场合，合影拍照时为众人排错位次的情况也不少见。如将主方领导和重要宾客的位次弄错，将领导人员与普通陪同人员位次混淆，将本单位人员与外单位来访者位次混淆等。这样的错误，不仅会让人怀疑相关负责人员的接待能力，还可能会对合作造成影响。

在正式场合拍摄合影，应遵循位次安排的礼仪。国内的合影一般讲究居前为尊、居中为尊、以左为尊。国际礼仪关于合影位次的安排是以中为尊，以前为尊，以右为尊，以客为尊，以靠近主人为尊。在与外方人士合影时，应遵循以右为尊的国际惯例，即届时令主人居中、主宾居右，其他人员则按主左、宾右的次序在其两侧排开。

合影之前，一般应预先排好位次，制作出合影图。为确保万无一失，位次表可请领导事先过目，有不同意见及时解决，以免拍照现场因为位次安排而引起尴尬和不愉快。合影时，所有参与者皆应站立。

如果合影人数较多，就需要多站几排，有必要的话可安排前排人员就座，后排人员则可梯级站立。拍好照片后，先请领导贵宾离场，其他人再离开。

在正规场合拍照是一件很严肃的事情，一定要认真对待。具体到个人表现时，合影的参与人员的着装要正统、端庄、规范，仪表要整洁，仪容要得体，表情要自然、亲切、友善。这样拍出来的照片才好看，才能充分发挥合影的作用。

安排住宿：这事有劳东道主

在接待活动中，如果来宾不是到访当天离开，接待人员还应考虑其住宿问题。当然，按照商务交往的惯例，来宾的住宿既可以由主方负责安排，也可以由来宾自行解决。不论来宾采取哪一种方式，主方接待人员都应主动予以相应的协助。

（一）住宿安排要舒适方便

如果是主方为来宾安排住宿，首先要考虑的是让来宾住得舒适。这里所谓的舒适，就是让宾客感觉入住以后不会缺这缺那，也不会因为住宿的安排而感到不便。

一般来讲，接待商务往来中的宾客，应将其安排在服务规范、管理严格的宾馆里入住。可能的话，正规的星级宾馆应作为首选。国内的星级宾馆分为五个星级，即一星级、二星级、三星级、四星级、五星级。至于选择何种档次的宾馆，要依宾客的身份而定，同时也要考虑单位的接待预算和既定的接待规格。如果来宾一方曾安排过主方人员的住宿，且双方身份、级别又相近，则主方可参照对方的标准安排来宾住宿。

为来宾具体选择宾馆时，要看其坐落的位置交通是否便利、顺畅，治安是否良好，周边市容、市貌是否优美。这样的宾馆既方便出行，又能给人安全感，还能让人保持舒适、愉悦的心情。因此，要尽力选择满足上述条件的宾馆。

（二）考虑宾客的需求

主方接待人员在负责为来宾安排住宿时，应尽力满足宾客的合理要求。比如，在具体房间的安排方面，在单位既定的接待规格之内，可根据不同身份、不同地位、不同习惯的来宾的需求，为其安排配套设施、配套服务、窗口朝向各有不同的房间。有的宾客希望客房能够临街打开窗子就能看到外面的景致，有的宾客喜欢朝阳的客房，有的宾客希望宾馆之内设有健身室、游泳池等。了解宾客的这些要求，有助于主方接待人员更好地安排宾客的住宿。

（三）客房的预订

星级宾馆的客房预订主要有三种方法。一是保证性预订，是指宾客在预订房间时，以押存支票、预付订金等方式向宾馆做出保证。二是确认性预订，是指宾客预订客房之后，宾馆将其保留至双方事先商定的某一特定时间。三是不预交订金的临时性预订，即宾客在抵达之前或当天向拟住宿的宾馆进行的预订。相较而言，前两种方法更为常用。

预订客房时，首先要明确所需房间的间数、档次，以及房间所在楼层、房间号等。其次要明确抵达与离开的日期，以及抵达的具体时间、预订的最后时间。最后要明确费用、确定联系人、确定预订的有效期。

（四）来宾自行负责住宿，予以必要的协助

在商务活动中，有不少单位在派遣人员到异地洽谈合作时，会选择自行解决住宿问题。如果是这种情况，双方应事先沟通清楚。对于来宾提出的合情合理的要求，主方应尽力满足。如来宾可能希望了解主方所在地宾馆的位置分布、不同宾馆的服务特色和收费标准等信息，可能在到宾馆后想要主方提供交通工具以满足其出行需要，可能要求主方安排陪同人员以便于更好地开展工作。对于此类并不过分的要求，主方应积极主动提供必要的帮助，让来宾有宾至如归之感。

送客礼仪：来宾送别有讲究

迎来送往，有始有终。送客是待客礼仪的最后一环，也是非常重要的一环。大家千万不能觉得送客是一件小事而不加以重视，如果疏忽大意，也许一个不经意的动作和细节就会给宾客带来不适的感觉。送别来宾，应把握一定的原则，遵循不同送别形式的礼仪规范。

（一）来宾送别的原则

一是根据具体情况随机应变。在与宾客交谈的过程中，不仅要注意宾客谈话的内容，还要注意宾客的肢体语言，以判断宾客内心的想法。如果宾客提出告辞，应婉言相留，表示希望其多坐一会儿。当然，也要尊重宾客的意愿，不能强行挽留，以免影响其既定的行程和安排。

二是提前做好准备。正式的参观、访问、会谈或者考察调研通常都有既定的日程安排，主方人员对宾客离开的航班、车次应清楚明了，同时遵循主随客便的礼仪，让宾客确定具体时间。主方人员要做的是提前做好准备，包括事先安排好送别来宾所需的交通工具、做出突发状况的应对预案等，确保送别宾客的工作圆满完成，不出现任何差错。

（二）来宾送别的形式

一是办公室道别。当来宾在主方人员办公室提出道别时，主方人员一定要等宾客起身之后再起身相送。如果是本地的常有往来、非常熟悉的宾客，主方人员可送至办公室门口或电梯口。如果是将来宾送至电梯口，在电梯门关上之前，应对宾客微笑注目相送，等电梯即将关上的一刹那，应再次与宾客挥手道别。

二是车旁道别。送别年长的来宾或者上级领导时，应送至其车旁，并在其到车内落座之前再次握手道别，在车门即将关闭的一刹那，再一次向来宾鞠躬，并说："谢谢，请注意行车安全，欢迎再次光临！"然后目送车子离开，如果宾客在车内回首招呼，应举手或点头示意，直至车子完全驶离视线才可离开。

送别宾客时，不等对方的车子离开就返回，对方会觉得自己受到了冷落，或者认为你无心与其交往，这无疑对你的礼貌和真诚打了折扣。另外要注意的是，如果主方的上级和下级人员同时在车旁送别宾客，在上级还未离开时，下级不能先于上级离开。

三是设宴饯别。对外地宾客可以为其设宴饯别，时间通常安排在宾客离开的前一天。在饯别宴席间，主方可讲述一些愉快的会谈细节，以示惜别之情，也可安排赠送精心准备的礼品给宾客，以表达祝福之意。

如果客人带有较多或较重的物品时，应该帮助客人代提重物，并在门口、电梯口或汽车旁与客人握手告别，目送客人上车。待客人离开接待人员的视线后，才可结束这次的告别仪式。

第五章

沟通之道： 接待工作锦上添花的技巧

交谈之道：说话的原则

交谈是人与人之间通过说话来交流思想与感情的过程，在包括接待活动在内的诸多人类活动中发挥着中心作用。在交谈中，把话说好并不是一件轻而易举的事。作为接待人员，在说话时需要遵循一些重要的原则，以确保所说的话能够被理解和接受，从而维持融洽的人际关系。

（一）通俗易懂

使用言语的方式交流，通俗易懂的语言最容易被对方接受。不管要表达的内容多么重要，首先就是要让对方能听懂你的话，所以在沟通的过程中要多用通俗化的语言把自己的想法表达清楚，让对方能听明白。

在与他人沟通的过程中，有的人可能想展示自己的学识，让别人觉得自己有才华，而过多地运用一些专业术语。可是如果对方听不懂你说的话，不知道你想要表达什么，就容易让沟通陷入僵局。在现代社会，由于各个行业变得越来越专业化，不同的人有不同的专业用语，如果我们注意不到这种差别，在和别人交谈的时候自说自话，就不能达到有效沟通的目的。

接待人员在与来宾交谈时，一定要以务实为本，尽量使自己所说的话通俗易懂，而不可生搬硬套自认为高雅的语言，或者滥用专业术语。如果因为要介绍单位的某些专业项目必须使用一些专业术语，也要用通俗简单的话语进行转换，或者将专业术语进行较为形象化的解释。交流的时候，要避免使用"官话""套话"，这不仅有碍交流，还会让人觉得滑稽可笑。

（二）简洁明确

语言在精而不在多，简洁明确才能条理清晰。要做到说话简洁明确，交谈前应先整理好思路，使谈话内容有条理性。沟通最忌讳的就是说话没有条理，先说什么后说什么毫无章法，以至于给人信口开河、废话连篇的感觉。说话的条理性在一定程度上建立在和交谈主题的相关性上，和主题无关的话，要尽量少说或不说。交谈的时候，要及时观察对方的反应，要能够站在对方的角度去判断自己所说的话是否合适，是否能吸引对方的注意力，如果对方表现得不耐烦，就要反思自己的语言是否过于繁杂了，然后及时调整。说话简洁明确，还要求我们所说的话含义要清晰明了，不能模棱两可，以免产生误会。

（三）因人而异

交谈其实就是与对方的一种交流与合作，因此面对不同的交谈对象时，要选择不同的话题。如果自己怎么想就怎么说，交谈就难以引起对方的共鸣。接待人员与来宾交谈时，在交谈的正式主题的基础上，可根据来宾的个人信息选择一些对方关注的话题作为谈话内容，让对方兴致盎然、热情参与。如果对某一问题有不同意见，可在求同存异的原则下适度地讨论，万万不可为此争得面红耳赤。

（四）方式恰当

交谈的方式多种多样，主要包括静听式、倾泻式、扩展式、评判式、启发式、跳跃式等。静听式交谈就是和来宾谈话时少说多听，认真倾听来宾的讲话，以只言片语、微笑、点头来回应、配合对方。倾泻式交谈就是知无不言，言无不尽，将自己的想法和盘托出，和对方推心置腹。采用这种方式，交谈双方要有非常好的信任基础，还要防止泄露单位不宜公开的秘密。扩展式交谈是指双方就某一问题各抒己见，深入探讨，以求集思广益，达成共识。评判式交谈就是在谈话中以肯定、否定或解释的话语对他人的意见、看法进行评判或补充。采用这种方式，要注意尊重对方。启发式交谈是指对不善言辞的交谈对象循循善诱，鼓励引导对方充分、深入地表达自己。跳跃式交谈是指双方谈话冷场或难以为继时，及时调整话题以使谈话继续。对于这几种不同的交谈方式，可根据实际情况和具体需要灵活选择或者综合运用。

（五）文明礼貌

不管是日常交谈还是正式的发言，都要注意用语的文明礼貌。文明礼貌，就是在说话的过程中表现出尊重、礼貌和关注他人的态度和行为。交谈中的文明礼貌主要体现在尊重他人、用语礼貌，比如多使用"您""请""谢谢"等敬语，同时留意自己所说的话是否合适，避免过度情绪化或过激的语言。在交谈中，我们还要尊重对方的观点、看法和感受，不要过度强调自己的意见或立场，处处以好为人师的姿态指正别人，更不要嘲笑或贬低对方的想法。

微妙含蓄：非语言沟通的技巧

非语言沟通是与语言沟通同等重要的交流方式，它是通过与语言无关的途径传递信息，表达思想和感情，包括身体语言、表情和眼神、沉默、物理空间等。在接待工作中，接待人员可以通过非语言沟通加强和补充语言表达效果，使沟通更为顺畅。

（一）身体语言

头部语言是人们常用的身体语言，是指运用头部动作、姿态来交流信息的非语言符号。点头一般表示同意、肯定、赞成等意思，与他人相遇时点头可表示打招呼、问候之意。摇头一般表示否定、反对、拒绝的意思。低头通常表示谦恭、顺从、认错、害羞、沮丧等意思。仰头通常表示自信、自豪，但仰得过高会有骄傲、自负的感觉。根据头部动作，我们常常可以了解对方的性格、情绪、态度等。恰当的头部语言，也可以帮助我们赢得他人的喜欢和尊重。

手势语言就是通过手的动作、姿势进行交流的非语言符号。手是人体最灵活的部位之一，我们可以用手做出相当多的姿势，来表达自己的情感和想法。如竖起大拇指，其余四指握起来，往往用来表示高度赞赏；食指伸出、其余手指握起来指向对方，意在表示教训、指责或威胁对方；两手手指相互交叉，两个拇指相互搓动，往往表示无聊、紧张或烦躁不安等情绪；紧握拳头表示愤怒、决心或紧张；一只手握住另一只手的手腕放在腹部的位置，表示谦逊、矜持或略微的不安；一只手握住另一只手的手腕放在背后表示威严、自信或者权势；等等。手势语言丰富多彩、含义丰富，使用何种手势与他人交流，要因人、因事、因时而异。

腿足语言是指通过腿部和脚部的动作、姿势传递内心情感和想法的非语言符号。在人的肢体动作中，腿脚部位的动作虽不易观察，但往往不自觉地表露出一个人的潜意识。与他人交谈时，不管是坐着还是站着，两腿分开都是一种开放型的姿势，给人自信、稳定的感觉；两腿并拢则是保守型姿势，往往显得严肃、拘谨。有关脚的姿势、动作，研究发现，脚步轻快表示心情舒畅，脚步沉重表示心事重重或疲惫不堪；脚步大且稳表示沉着、自信，脚步小且轻表示小心谨慎。此外，还有腿脚并用的情况，比如坐着时跷起二郎腿，不停晃动脚尖，表示自信、轻松、无拘束、怡然自得，或是展示和表现自己的欲望。

躯干语言能够很直观地反映一个人的精神面貌和性格特征。如挺胸抬头表示诚实坦荡，弯腰驼背往往是不够自信，躯体歪斜显得无精打采，微微欠身表示谦恭有礼。良好的躯干语言，能给人以温文尔雅、气宇轩昂、坚强果断、真诚坦率的印象，对推动双方深入交流有重要作用。

（二）表情和眼神

面部表情就是一个人面部神态、气色的变化和状态。很多时候，面部表情比一个人实际说出的话要复杂得多。在所有的非语言沟通形式中，面部表情是最富有表现力的。面部表情能表现非常多的情绪，比如欢喜、淡然、惊讶、害怕、愤怒、伤心等，而且面部表情还能同时表现多种感情。面部表情在交流中的重要性，在我国的俗语中得到了充分的体现，如"看脸色办事""给人脸色难看""出门看天色，进门看脸色"等，讲的都是面部表情给人与人之间的交流沟通造成的影响。

在面部表情中，又以眼神最为重要。意大利艺术家达·芬奇曾有"眼睛是心灵的窗户"的论述，道出了眼睛的微观动作对于一个人内心世界的表现功能。眼睛微观动作的种种表现，其实就是我们的眼神，一个人所有的情绪、感受和态度的变化，都可以通过眼神表现出来。在社交场合，我们与他人的交流应以目光的交流为起点。比如，接待人员初次见到来宾时，应以自然的目光注视对方，面带微笑，表现出热情和喜悦；在与来宾交谈时，应适时通过各种目光与对方交流，使整个谈话和谐、顺畅。在交谈中，两个人之间眼神交流的时间越长，关系往往越融洽。

（三）沉默

沉默也是非语言沟通中一种非常重要的沟通形式，但是使用时要注意讲究技巧，否则很容易让人产生误会，影响沟通的顺利进行。沉默的特征是在对方期待回答或回应的时候默不作声，它的含义是比较复杂的，可以表示反感、厌倦、异议、冷漠、蔑视、抵制、抗议等。

在不同的情景下，其含义也不一样。例如，交谈的一方提出某个问题，而另一方听了以后没有回应，则表示没有兴趣；面对一个信口开河、满嘴跑火车的人，旁边的人可能沉默不语，以表达自己的反感和蔑视；面对上级做出的不合理的工作安排，下级可能用沉默表示异议和不满。当然，沉默并不只是意味着沟通双方一定程度上的对立以及沟通的暂时中断，它也有积极的一面。比如，在接待工作中，接待人员与来宾就某一个问题产生了分歧，但接待人员通过晓之以理、动之以情的方式说服了对方，对方便可能以沉默的方式来表示认可。在与别人深入交谈时，适时的沉默意味着你在安静地倾听，可以鼓励对方更好地表达自己的想法。总的来说，沉默有一种独特的力量，但是必须要有技巧地使用。

（四）物理空间

我们与他人交谈时，双方之间的物理距离也很重要，太远或太近都不太好。在人际交往中，每个人都有自己的领地感，在这个领地的空间之内，我们会感到舒适安全，一旦它被侵犯，我们就会感到不适、不安甚至恼怒。

　　这种物理空间其实也是一种心理空间，它代表人与人之间的亲密程度。个人心理空间可以分为亲密距离、个人距离、社交距离和公共距离四种类型。亲密距离一般在0.5米之内，适用于家庭成员或知心好友之间。个人距离通常在0.5～1.5米之间，适用于一般的个人交往。社交距离一般是1.5～4米，适用于社交性的或礼节上的较正式的关系。公共距离一般是4～8米，其远距离则在8米之外，适用于非个人性质的沟通，如听报告、听演讲。

　　在接待活动中，把握好空间距离是很重要的。接待人员在与来宾进行沟通或者想要更好地与来宾进行沟通时，不妨考虑一下适当调整双方之间的物理距离。

网络沟通：指尖上的礼仪

现代科技的快速发展给我们的生活带来了很多改变，高效、便捷的网络沟通也在这样的背景下应运而生，成为普遍的沟通方式。简单来讲，网络沟通就是通过基于信息技术的计算机网络进行信息的沟通。在商务往来中，常用的网络沟通方式包括电子邮件、视频会议、微信等。

（一）电子邮件沟通

当今社会，电子邮件已经成为人们交流沟通的重要手段。使用电子邮件进行对外联络，不仅安全保密，而且方便快捷。当然，电子邮件沟通也有一些需要注意的事项。

第一，主题要明确。电子邮件的主题要提纲挈领，一目了然，便于收件人迅速了解邮件的核心内容。一般来讲，一封电子邮件必须有一个主题，不能没有主题，没有主题的邮件经常会被当成垃圾邮件。

第二，称呼要礼貌。在邮件中恰当地称呼对方，是商务往来中的礼仪要求。第三，正文要言简意赅、行文通顺。能用一句话说清楚自己的行为和意图，就不要用两句话；一定要避免使用错字病句，不能让对方搞不清楚或者去猜你在说什么。第四，附件要有提示。若电子邮件中带有附件，一定要给附件命名，并且在邮件正文里面提示对方注意查看附件。第五，结尾要有祝福语。在邮件的结尾最好写上"祝工作顺利""祝身体健康""祝生活愉快"等祝福语，以示礼貌。

以上是发送电子邮件的礼仪，如果是收到他人发来的电子邮件，要及时回复对方。理想的回复时间是两小时内，但一般不要超过24小时。若是与对方沟通的事情比较复杂，不能确切给予答复，那也要及时告知对方。

（二）视频会议沟通

视频会议就是位于不同地点的人通过网络设备面对面交谈的会议。视频会议尽管是在网上召开的，但它作为一个正式的场合，也对参会者有一些要求。

第一，要提前告知参会人员会议议程。组织会议的人至少要在会议开始前一天将会议的开始时间、主题、流程、参与人员等相关信息告知全体参会人员，以便大家做好准备。需要特别强调的是视频会议的召开时间问题，如果是跨时区的会议，要考虑到日期和时差的因素。第二，要提前调试设备，确保全程无障碍参加会议。参会人员应在会议开始前调试自己的设备，包括网络联机质量，摄像头、麦克风能否正常使用等，以免因此影响会议进程。第三，要提前检视会议环境，确保光线充足、环境整洁有序，同时避免与会议内容无关的资料暴露于会议室中。第四，保持仪容仪表和背景的整洁。参会人员不仅要保持面部、发型和服装的整洁和姿势的端正，身后的背景也要整理干净，这样才能展现良好的职业素养和个人风貌。第五，行为举止要得体。参会人员要避免一些随意的、没必要的动作，以免被摄像头放大，影响个人形象。

（三）微信沟通

微信如今已成为一种我们在工作和生活中不可缺少的沟通工具，在使用微信与他人交流时，也应遵循一些基本的社交礼仪。第一，要注意语言文明，不要使用攻击性语言或嘲讽、侮辱性语言，不要伤害对方的感情。第二，要及时回复他人，如果手头有事没能及时回复，也要在方便的时候向对方解释原因，并表示歉意。第三，能打字尽量打字，特别是与对方沟通复杂或者重要的事情时，发语音三言两语并不能说清楚，而且对方也不一定方便听语音，而文字一目了然，更能提高沟通效率。第四，不要随意撤回消息，以免给对方造成困扰。如果发错了，可及时给对方解释；如果必须撤回已发出的消息，更应在第一时间向对方说明原因。第五，要遵守聊天规则，不要在微信群里随意发广告以及强行要求群成员点赞或者转发。

书面沟通：以文字为媒介的交流

书面沟通是以文字为媒介进行的信息传递交流，是一种比口头沟通更加正式、严谨的沟通形式。它主要包括文件、报告、信件、书面合同等。书面沟通成本比较低，应用非常广泛。

（一）书面沟通的优点

1. 易保存，并可作为法律凭证

书面沟通是通过书面文字进行的沟通，这些书面文字具有有形展示、可长期保存、可作为受法律保护的依据等优点。一般情况下，信息的发送者与接收者都是通过书面文字了解信息，传递思想与情感，都拥有沟通记录，沟通的信息可以长期保存，如果对信息的内容有疑问，也便于事后查询。由于书面沟通可以提供有据可查的记录，相对来说不易被篡改，因此在某种意义上可以作为法律上的凭证和重要依据。

2. 严谨周密，条理清楚

书面交流不受时间限制，可以做较为充足的准备。一般来讲，说出来要比写出来更为容易，因为说的时候要求及时反应，没有太多时间思考和准备，因而不必细细推敲文字，也不必过多讲究语法和修辞的使用，有必要的话还可以借助肢体语言和面部表情传递信息、交流想法。但要把口头表达的内容转变为书面文字，恰当、充分、完整地表达自己的意思，就必须对其进行认真组织，既要讲究语言的运用，又要考虑修辞、逻辑以及条理性，进而达到表达周密、逻辑性强、条理清楚的目的，使信息得以有效、准确传递。

3. 有利于提高沟通效率

口头交流，即便是采用电话的形式，也需要双方都有时间才行，若是双方面谈，还需要提前约定时间，在商务活动中，这样的交流方式在一定程度上限制了沟通的效率。我们或许可以随时给对方打电话，但未必随时都能把事情说清楚，因为对方当时未必有足够的沟通时间。但如果通过书面材料的形式，你可以在任何时间和地点传达你的信息，对方可以在方便的时候阅读，相关的难点和要点，还可以反复阅读、深入思考。相比口头交流，书面沟通可以减少频率，使沟通更加灵活和便捷，更有效率。

（二）书面沟通的基本要求

1. 目的明确

目的明确是指用书面形式进行沟通时，期望对方在阅读时如何响应、响应哪些方面。从书写的角度而言，书面沟通的主要目的包括提出问题、分析问题、提供解释、说明情况和说服他人。这就要求书写者搞清楚如何展开文章内容，需要传达什么信息、怎样传达信息、将信息传达给谁以及希望获得怎样的响应和反馈。书面沟通的目的可以是一个，也可以有多个，这些目的构成了所要书写的内容的基础。

2. 内容正确

内容正确是写作的首要原则，即所用材料要真实可靠，观点要准确无误，语言要恰如其分。相比口头交流，人们对书面交流的宽容度没那么高。事实和材料的错误、语法错误和错别字都是要避免的，这些都会影响他们对书写人所属单位的印象。为确保内容正确，书写完要认真检查、核对。

3. 表达完整

写作时，一定要把握好文章的主旨，写作意图要明确，并在此基础上全面地表达事实、说明观点及阐述对策，避免遗漏相关信息。表达完整的关键在于，书写之前列出详细的提纲，并据此全面搜集资料，有序组织材料，然后正确表达所要传递的信息。通过这样的方法，还可以培养良好的书写习惯，提高沟通效率。

4. 语言简洁

在正确传递信息的同时，高效的书面沟通还要求文字简洁，给他人提供易于理解、简明扼要的信息。"简洁"是用最少的语言表达最主要的想法。"完整"是为了表达想要沟通的重要方面，但这并不是说要把全部的事实材料和观点都写进去，而是可以通过分类的方法去掉不太重要的内容，也可以精简文字，删除琐碎的、可有可无的词语，使文章言简意赅。相比文字，图片和图表更加形象、直观，在行文时可以适当使用，以简化复杂的信息。语言的简洁可以让他人更容易理解你要表达的内容，把注意力放在你所表达的重点上，而不是被一堆琐碎文字分散注意力。

5. 格式规范

书面沟通需要注意格式，确保书写格式规范，尤其是在正式的文书中。在写作时，要注意文字排列的整体布局，包括标题、段落、字体、字号、脚注、行距、页边距等。比如，有的正式文书，打印出来以后所有的文字都挤在一起，阅读起来很费劲，这是因为行距太小，没有适当留白。

6. 体谅他人

商务往来中的书面资料是交流沟通的媒介，因此书写时要满足对方的需要，也就是站在对方的角度考虑问题。比如，要预测和分析对方需要什么样的信息、怎样理解信息、可能提出什么样的问题等。书写时，要尽量兼顾这些方面，同时把对方最感兴趣的东西写在最前面，把需要强调的内容用特殊字体予以标识。这种体谅他人的做法能让对方更有好感，更愿意回答问题或更迅速地做出决定。

有效倾听：成为一名好听众

在交谈过程中，每个人既是言者，又是听者。有一句名言说得好："善言，能赢得听众；善听，才会赢得朋友。"从接待的目的考虑，善听往往比善言更重要。对于接待工作者而言，倾听来访者的需求往往比交谈更加重要。

倾听不是简单地用耳朵来听，也是一门艺术，需要我们全身心地去感受对方在交谈时表达的言语信息和非言语信息。接待人员只有懂得倾听，才能够做到有效倾听，全面了解对方的想法，掌握沟通的主动权。

（一）专注有礼

在交流中，我们如果只知道表达自己的想法，而不去关心对方在想什么，那么良好的沟通关系就无从谈起。在沟通的过程中，讲与听其实是相互依存、相辅相成的，当我们专注、认真地去倾听对方时，才能获得良好的谈话效果。因为专注倾听对方的话语，准确理解其想法和观点，同样可以满足对方的需要，而且能让对方感到自己是被尊重的。专注倾听这一行为，本身就是在告诉对方"你是一个值得我倾听你讲话的人，我对你说的话很感兴趣"，这样在无形中就提高了对方的自尊心，加深了交谈双方的感情。

从倾听者的角度来讲，倾听不只是被动地接收信息，也是积极思考、拓展自己的思路和认知的过程，我们可以借此学习到不同的思维方式，接触到不同的观点，从而更好地发展和提升自己。

与别人交谈的时候，应该正视对方，与谈话者保持眼神的接触，当然接触时间的长短应适当把握，不能长时间盯着对方，否则会破坏交谈的气氛，阻碍沟通。另外，要保证注意力高度集中，使大脑处于活跃状态。全神贯注地倾听，意味着不仅是用耳朵，而且要用整个身心去听对方说话。

当别人谈兴正浓时，我们最好不要轻易打断，因为这样显得很不礼貌。每个人都会有情不自禁地想表达自己的想法和观点的时候，如果不顾别人的感受，随意插话、接话或打断别人说话，只会扰乱对方的思路，引起对方的反感。如有特殊情况，不得不打断，也要把握机会，先征得对方同意，这样可以避免误会。说完后，一定要帮助对方恢复思路，确保原先的谈话不被忽略。

（二）搁置判断

一个人的想法和行为是由多个因素共同决定的，其中包括学习、工作和生活中积累的经验。这些经验和环境的作用会对我们的思维方式和行为习惯产生影响，有时也会导致我们产生偏见。

比如，有的人习惯关注自我，总是以自我为中心，总认为自己才是对的，在倾听他人讲话时，喜欢听与自己的观点一致的意见，对不同的意见往往置若罔闻或者进行否定判断。再比如，沟通中经常会存在先入为主的问题，它在心理学中被称为"首因效应"或者"第一印象效应"，指的是我们在进行社会知觉的过程中，对方最先留给我们的印象，会对我们的感觉和判断产生重要影响。第一印象并非总是正确的，却是最鲜明、最牢固的，并且决定着以后双方交流的效果。

在倾听的过程中，如果对方最先讲的内容正是我们期望听到的，那么我们就愿意和他接近，彼此也能较快地取得相互了解。反之，一个初次见面的人，如果他讲的话我们从一开始就没兴趣，甚至因与对方观点的不同而产生抵触情绪，我们便很难以冷静、客观的态度接收说话者的信息，或者会下意识地屏蔽对方的信息，从而大大影响倾听的效果。

为确保沟通的顺畅进行，我们应该避免以自我为中心的思想，摆脱第一印象的束缚。在交流的过程中，我们应该暂时搁置对交流对象的判断，不急于以自己的观点来评判别人，同时，也需要保持开放的心态，积极倾听和接纳不同的意见和想法。通过与持有不同观点的人进行交流，我们能够提升自己的认知水平，并且拓宽自己的思维。

（三）适时反馈

听人说话要专心听，但也不是完全被动地听，而是要适时地通过相应的表情和手势向对方表示你在认真地倾听。

倾听时，要及时给予对方一些言语上的反馈，比如适时插入"没错""就是这样""请继续讲讲"等简单的话语。这些反馈可以让对方感到你对他的谈话很感兴趣，从而拉近双方的距离，鼓励激发对方倾诉的欲望，使其很高兴地将谈话继续下去。

另外，在沟通的开始阶段，对方所表达的内容或感受可能只是冰山一角，许多深层次的想法并没有表达出来，而耐心的倾听和适时、恰当的反馈会为他们表达内心的真实感受提供条件，让他们摆脱束缚，更加畅所欲言。如果能达到这种倾听水平，则能取得较好的沟通效果。

总而言之，沟通是双向的。为了获得良好的沟通效果，接待时不能单纯地向别人灌输自己的思想，还应该学会积极地倾听。

接打电话：听筒背后的修养

电话具有传递迅速、使用方便、效率高等优点，是我们日常生活和工作中使用频率最高的信息传递工具之一。接打电话看似容易，其实背后大有讲究，于细节中展现着接待人员的职业修养。

（一）接电话的礼仪

1. 接听电话要及时

接听电话是不是及时，也可以从侧面反映出接待人员待人接物的真实态度。电话铃响起时，我们要立即放下自己手头的事，尽快接听。一般情况下，应在电话铃响三声之内接听电话，因为"铃声不过三声"是接电话的一个原则。但是也要注意，不要在电话刚响就立刻拿起电话，这样可能会让对方产生惊诧的感觉。接电话最合适的时间，是在电话铃响第二声之后。即使电话离自己很远，听到电话铃声后，也应快步走到电话前拿起听筒，这样的态度是每个人都应该拥有的。若是在电话铃响三声之后才接起，对方可能会产生着急或失望的情绪，因此我们在接起电话后首先要向对方说声："抱歉，让您久等了！"如果接听电话的人不在座位上或者正在忙要紧的事而不能及时接听，代接的人应妥为解释。

2. 了解对方信息和来电目的

拿起话筒后，首先要向对方问好，然后自报家门。向对方问好，一是表示礼貌，二是表示有人在接听对方打来的电话。自报家门是为了向发话人确认，自己是否真的是对方要通话的对象。一般情况下，电话接通后对方会主动介绍自己，如果没有主动自我介绍或者自己没听清楚，我们应该主动询问其基本信息，包括对方的公司、个人姓名、身份等。了解清楚来电人员的基本信息后，要对来电的目的进行详细的了解，以便对该电话采取合适的解决方式。

3. 谦和应对，分清主次

接听电话时，要聚精会神，认真倾听对方所说的话，不应该心不在焉或边听电话边忙别的事情，更不要把话筒放在一旁任由对方自言自语。在通话的过程中，对来电人员的态度要谦恭友好，积极主动，尤其是别人打来业务电话咨询的时候，更要表现得热情亲切、不卑不亢。如果遇到无法分身的情况，比如手头上正好有急事要事必须立即处理或者正在会晤重要的宾客，不宜与来电话的人深谈，可向对方简单说明原因，表示歉意，并与对方另行约定时间，由自己主动打给对方。与来电人员通话时，如果又有另一个电话打进来，千万不要不理不睬，也不要中断正在进行的通话，而要向对方说明原因，请他稍等片刻，然后立即去接另一个电话，简要了解情况后也要请对方稍候片刻或晚会儿打来，接着再和前者继续通话。通话终止时，要认真与对方道别，而且要恭候对方先挂电话，不宜"越位"抢先。挂电话时，还要小心不要发出过大的声音。

万一接到拨错或串了线的电话，也要保持风度，简短向对方说明情况后挂断电话，切勿发脾气，更不能出口伤人。有时候接起电话却听不见对方说话，这时候也要注意礼貌，因为这种情况有可能是电话线路问题引起的。你听不见对方说话，对方却能听见你说话，如果你表现得失态失礼，后果可想而知。

（二）打电话的礼仪

1. 慎选时间

慎选时间，即打电话之前先看看时间，也就是要注意打电话的时机。我们要明白什么时间给别人打电话是合适的，不会对别人造成困扰。一般来讲，节假日尽量不要给别人打电话讨论公事，因为在难得的休闲时间，没有谁愿意被"骚扰"。如果不是特别紧急的事，要避开对方休息、用餐的时间，如早上7点之前、晚上9点之后以及午休时间都尽量不要给对方打电话。如果莽撞地在对方不便的时间通话，不仅会影响沟通效果，还会造成尴尬的局面。

慎选时间还要把握好通话时长，通常来说，这样的工作电话应遵循通话"三分钟原则"，即电话交谈要废话少说，长话短说，时间以3～5分钟为宜。如果把握不好通话时间，谈话过于冗长，也会引起对方的负面情绪。

2. 内容规范

给别人打工作电话，最好提前做好准备。如要说几件事，先说什么、后说什么，需准备哪些文件资料。这些都要做到心中有数。打电话时首先问候"您好"，再自报家门，包括单位、部门、职务、姓名等。简单的问候之后，应开宗明义，直奔主题，对于要说的具体内容，要梳理出清晰的顺序，以免出现丢三落四的问题。如果有必要的话，可以事先列出提纲，把要说的事，要重点强调的内容，要使用的话术都写下来，这样就不会思路混乱、不知所云了。

3. 礼貌待人

拨打电话时，要注意待人以礼，举止和语言都要得体大度，尊重通话的对象，始终不忘"您好""请问""麻烦了""谢谢""抱歉"等文明礼貌用语，在讲话时声调要热情、愉快、友善。如果中途电话掉线，拨打者应再打过去，解释掉线原因。如果拨错了电话号码，一定要对听者表示歉意，不要一声不吭就挂断电话。在举止方面，尽管对方看不到，但是我们应对自己有所要求，例如拨电话时不能把话筒夹在脖子下，不能趴着、仰着，不能在终止通话放下话筒时动作过重。

谈吐礼仪：必不可少的训练

优雅的谈吐能够让人脱颖而出，但它并不是天生的，需要经过长期的自我训练，在日常生活和工作中形成习惯。

（一）语言表达的三个层次

第一，要想得清楚，说得明白。把话说得清楚明白是语言表达的第一个要求。如果你说得毫无道理、逻辑混乱，甚至错误连篇，那就毫无口才可言。为避免这些问题，在说话时要理清重点、理清顺序，有意识地培养自己的逻辑思维能力，减少不必要的重复，合理利用不同的表达方法。

第二，要言之有物。说话时，要有实质性的内容，能提供有价值的信息，让交谈对象有收获，或者能帮助对方解决相应的问题，而不是让人觉得听你说话纯属浪费时间。这就要求说话者在说话时明确自己的目的，坚持话由旨遣的原则。只有明确了目的，我们才知道应当准备什么话题和资料，运用什么样的表达技巧，从而做到有的放矢。另外，如果我们具有丰富的知识储备，在与别人交谈时更容易信手拈来、出口成章，而且能让谈话的内容显得更充实。

第三，要声情并茂，生动有趣。把话说得生动形象、深入浅出，是语言表达能力的重要要求。平铺直叙的语言让人觉得寡淡无味，并不能调动别人倾听的兴趣。这就需要我们有意识地练习自己的声音技巧，以及巧用比喻、拟人、排比、夸张等修辞技巧。适当运用的修辞，能让你的语言具有神奇的魅力，一个枯燥、抽象的问题可能会因此变得生动、形象，从而收到奇佳的表达效果。

（二）注意语态、语音、语速、语气

语态指的是交谈时的神态，也就是表情和动作。跟别人交谈时，要注意神态的友好亲和，专心倾听，也要注意举止得体，不能有意或无意地做出一些失礼的动作。比如，在与别人谈话时，应当表情认真，若要表示自己的认同或理解，可点头、微笑。如果左顾右盼，表现得心不在焉，不仅是对别人的不尊重，也有损自己的形象。

语音包括声音大小和发音规范两个方面。与别人交谈时，说话声音大小要恰当，既不要过高，也不要过低。声音过高容易让人感到刺耳，而且可能会显得情绪激动，不利于交流。声音过低容易导致别人听不清你所说的内容，看起来像是在自言自语，因而不想继续聊下去。在正式场合，一般要讲普通话，发音要尽量标准，不要夹杂方言。当然，如果是和自己同一个地方的人交谈，也可以用地方话，显得亲近。但是，无论是普通话还是方言，吐字都要清晰，不能含糊不清。

语速也决定着交谈的效果。交谈时，语速应快慢适宜，舒张有

度，这样可以产生更好的表达效果。语速过快，会给人一种慌慌张张、没有条理的感觉或者让人觉得你特别想要表达自己。语速过慢，会让人觉得你的思维能力、语言能力较弱，需要更多的时间来选择合适的词语、构建符合语法的句子。

语气就是讲话时的口气、口吻。在交谈中，语气应当是真诚的，要以柔言谈吐为宜。从大的方面讲，这需要加强个人的思想修养和性格锻炼；从具体的方面来讲，这需要注意遣词用句，尽量多使用一些谦辞、敬语和礼貌用语，多用褒义词、中性词，忌用粗鲁污秽的词语，说话不要包含意在表示轻视、鄙视、小看、轻蔑的话语。

（三）改掉不合适的口头禅

很多人在说话的时候，都会习惯性地带上口头禅。比如，习惯说"不对"，总是否定别人；再比如，总是跟别人说"你应该这样，应该那样"，有教育别人的感觉。有些口头禅属于忌语，是必须要避免的。比如总是对别人说"你有病吧"，这不但是对别人的否定，还可能会被理解为恶意的诅咒。还有一些口头禅在平常的说话中使用无伤大雅，但是出现的次数太过频繁，会让自己的谈话显得啰里啰唆，最好也要改掉。

口头禅常常是在不经意间"溜"出来的，有些人性格急躁，往往说话过急过快，口头禅就容易"溜"出来。因此，说话时习惯用口头禅的人要注意把话讲得稳健些，尽量做到在讲话前仔细思索，有意识地选择自己使用的词汇。时间长了，说口头禅的坏习惯就会得到改善。

幽默表达：不只是让人发笑

通俗地说，幽默就是可以把人逗乐的能力。幽默确实是一个非常强的技能，它不只是可以让人发笑，还可以化解各种危机，调节人际关系，帮助我们在社会上更加如鱼得水。

（一）幽默的技巧

幽默的技巧有很多，比如在表达中适当、适时、巧妙地加入戏谑调侃、视角转换、谐音双关、出其不意、旁敲侧击、偷换概念、自我解嘲、搞笑模仿、巧设悬念等成分，都可以达到幽默的目的。在这里主要讲述视角转换和自我解嘲两种方法，由此领略一下幽默的艺术。

视角转换，就是我们要用一个独特的视角去看待事物，这个视角跟人们通常看待事物的视角是有偏差的，这个偏差造成了新奇感、意外感和幽默感。独特的视角，是指反常规的、有趣的视角，我们以此看待问题，就有可能发现事物不一样的运行逻辑，从而产生新的观点和看法。那么，要如何寻找独特的视角呢？最重要的是转换思维。幽默从某种意义上来讲是思维方式的改变，想要说话幽默，首先要转换思维角度。比如，对于一件事，可以从很多的角度去看待它，而且我们知道大多数人通常看待它的角度是怎样的，这时我们要去寻找其中非主流的，还没有被其他人意识到的角度。然后从这个角度出发，对这件事情进行重新解读，这时幽默感就出现了。深度思考也有助于思维的转换，通过深度思考可以形成对事物的深层洞见，看清楚其关键所在，这样视角能自然发生转换，而且可以看向更深、更远。把这些所思、所想用巧妙的方式表达出来，也能制造出出人意料的结果，产生更高质量的幽默。

自我解嘲作为一种成功的语言交际现象，它是言语幽默的一部分，本质就是用自己的不开心让别人开心，通过调侃、诙谐的方式把自己的弱点、痛点或者失败感讲出来，以此让别人产生心理上的优越感，继而产生愉悦和开心的感觉。这种对自我的解嘲，一方面能够借调侃表明自己的想法使对方在哑然失笑中拉近与你的关系，另一方面也能为窘境中的自己或他人脱身。这种幽默方式妙在"自己说自己"，主动将自己的短处讲出来，而不是让别人讲出来，既能帮助自己摆脱窘境，也能很好地在社交中营造轻松愉快的氛围。对自我的这种调侃，看似自己戏弄、贬低或嘲笑自己，但本意又并不只是自我嘲弄，其中还有"醉翁之意不在酒"的意味，在交际中具有特殊的表达功能和使用价值。一个善于自我解嘲的人，其实也是乐观、大度、潇洒的人，既能加深别人对自己的印象，还能让别人钦佩有加。

（二）幽默有分寸

幽默是人际交往中的润滑剂，也是一味给生活的菜肴增加色、香、味的调料。但是，无论多么有味道的调料，也不能任意使用，要适时、适量使用才好。同理，在运用幽默的方式表达时，要把握好分寸和尺度，以免冲撞或伤害别人。

我们要谨记，幽默表达时千万不能挖苦和嘲笑对方，也不能用模仿别人的动作和说话语气来取笑，更不能用对方身体的缺陷或者外貌等制造笑点。幽默也不能是针对某个群体的攻击，比如对民族、地域、性别、人种的歧视，否则不但会让听者产生反感，还可能造成肢体冲突，甚至可能触犯国家法律。幽默的语言应该是简要精练、出其不意的，唠唠叨叨或者过度滑稽的言辞只会让人觉得讲者在刻意装幽默，这样的表达方式可能会损害个人形象。

表达幽默口才，还要注意自己的身份和所处的场合。如果你的幽默与你的身份不符，那么听的人就会感到别扭，甚至反感。具体而言，幽默要做到称谓合适、语气合适，还要注意在不同的场合说话者所处的位置。如果不分场合、地点，过于随意，很容易弄巧成拙。比如，接待人员在工作场合表达幽默时，要适可而止，以既能表现自己的优雅风度又能调动气氛为宜，切忌乱开玩笑，甚至说一些油腔滑调、庸俗不堪的笑话。

幽默的目的是更好地与人沟通，更多地给人们带来快乐。因此，幽默应该是建立在对他人尊重的基础上，为调节气氛而进行的轻松有趣的表达。把握好幽默的分寸，让听者不仅感觉你说的好玩有趣，而且感觉心里很舒服，这是一种高情商的表现。

沟通禁忌：接待人员需警惕

沟通是人与人之间思想与感情的相互传递和反馈，以求想法达成一致的过程。有人认为，沟通就是要多说话，要能言善辩。事实上，真正的沟通不只是多说话这么简单，特别是对于接待人员来讲，有一些需要注意的禁忌。

（一）忌情绪化

沟通的过程中，有的人很容易因为一些或大或小的事情发生情绪波动，喜怒哀乐经常会在不经意间转换，前一秒可能是高兴的，后一秒可能就会变得焦躁不安。这种不理性的行为状态，简单来讲就是情绪化。

人的行为应该是有目的、有计划、有意识的外部活动，一些人之所以表现出不理性的、情绪化的言行举止，反映了其自身控制力的薄弱，一遇到不称心或者不如意的事，就像易燃易爆的气体一样，立即爆发出来。情绪化行为的显著特点是容易被所处环境中与自己切身利益相关的刺激所影响。当满足自己需要的刺激出现时，就会很高兴；可是一旦发现自己的需要满足不了或是受到压制，这类人就会很愤怒，很容易将自己因为受到挫折而产生的愤怒情绪表现出来，向他人进攻。这种带有情绪化的冲动行为，应该说比较简单、原始、低级，看起来很有力量，但实际上是短暂的，一旦紧张的情绪得以释放，冲动的行为也会随之结束。

这种情绪化的冲动行为往往带来某种破坏性后果，不仅会造成心理上的创伤，还会影响工作和人际关系。有的冲动行为虽然没有引起明显的不良后果，但仍有可能挫伤他人的情感，成为以后的隐患。情绪化的人言行举止在情绪爆发的一刻不够冷静理智，做出冲动行为后，等冷静下来又觉得不值得、不应该，经常处于内心矛盾冲突的痛苦之中。

对一个人而言，情绪并不完全是负面的，每个人都有自己内心的情绪，这是正常现象。但是，如果不能有效控制情绪，它可能会对我们的生活产生不良影响，这就要求我们管理好自己的情绪。从心理学的角度来讲，情绪只是一些先天本能和固有的认知习惯组合而成的未经反思的、下意识的反应模式。通过有意识的自我反思，可以找出自己的某些反应模式存在的问题，进而逐步建立新的反应模式，学会控制自己的情绪。即使现在暂时无法完全做到这一点，至少可以提醒自己在情绪冲动时要抑制住它，冷静一会儿，等心情平静下来再做决定。如果被坏情绪控制，任其摆布，那我们将失去对生活的和工作的主动权，让自己陷入更糟糕的局面。

（二）忌以自我为中心

在与人沟通时，每个人都喜欢表达自己，都喜欢被关注。我们在交谈时给予对方积极关注，不仅是在表达对对方的好奇和关心，同时也能满足对方想要被关注的心理需求。如果我们只顾自己的兴趣和话题，而忽略对方的需求，这样的交谈是没有意义的，这样的沟通也不会有什么效果。

很多人在与他人交谈时都过于强调"我"字，例如习惯性地使用"我想""我觉得""我认为"等词语，这样的主语用多了其实是不合适的，因为会让对方产生不被重视和尊重的感觉。因此，在交谈中，我们应该关注对方的兴趣和话题，要多以"您看怎么样""您觉得如何""您认为呢"等句式询问对方。多使用"您"是对他人的尊重和关注，随时考虑对方的情绪和观点。通过这样的方式，我们就能很快找到对方感兴趣的话题，使双方的沟通更融洽。当然，对方感兴趣的话题要根据具体的情景和特定的交流内容去发掘，并且要运用得恰到好处。只有调动对方交流的兴趣，才能为进一步沟通打好基础。特别是对接待人员来讲，工作就是为来宾服务的，更要以对方为中心，不可本末倒置。当对方感觉到自己被尊重和关注时，就会对你产生好感，从而让接待工作更顺利。

（三）忌言而无信

言而无信是指说话不算数，在承诺了某件事情后却不履行自己的诺言，或者在交际中撒谎欺骗。言而无信的人会给他人带来诸多不便和困扰，让人无法信任和依赖。

《论语》有言："人而无信，不知其可也。大车无輗，小车无軏，其何以行之哉？"意思是说一个人如果不讲信用，那就不知道他还可以做什么了。就像大车没有车辕与轭相连接的木销子，小车没有车杠与横木相衔接的销钉，它靠什么行走呢？这里的"信"，即守承诺、讲信用。言而有信，贵在践行。话讲千遍，不如一行，只有言行合一才能取信于人。我们在商务往来和交流沟通中，同样要做到这一点，这样才能与合作伙伴建立相互信赖的良好关系。

在商务活动和社会生活中，我们常常用"会沟通"评价一个人。然而，这个词通常暗示着这个人善于"忽悠"，能够让他人相信虚假的事情和不可能实现的承诺。但是，如果我们从更长远的角度来看，这样做实际上会成为沟通的障碍。因为无论你多么善于"忽悠"，如果不能兑现承诺，就会失去他人的信任，徒增沟通的心理成本。

（四）忌不尊重别人的隐私

个人隐私，一般是指出于个人尊严或者其他方面的特殊考虑，而不愿意为他人（一定范围以外的人）所了解的私人事宜或个人秘密。判断个人相关信息是否属于隐私，核心就在于本人是不是愿意让他人知道，以及该信息是否与他人及社会利益相关。只要是不违背法律和道德，不损害他人利益和侵犯他人权利，每个人都可以有自己的隐私。这种隐私应该受到尊重和保护。我们在与他人沟通交流时，一定要充分尊重对方的个人隐私权。在言谈话语之中，对于凡涉及对方个人隐私的问题，都应该自觉地、有意识地予以回避。现实中确实有些人自以为是，在同别人交谈时口无遮拦，甚至为了满足自己的好奇心，不顾对方感受，对一些不适宜的问题"打破砂锅问到底"。这样的做法，可能会令对方极度不快，甚至还会因此损害双方之间的关系。

对于接待人员来讲，更要特别注意保护来宾的个人隐私。因为工作性质的关系，接待人员往往会对一些来宾的个人隐私有所了解，但接待人员必须要明白，自己的这种"特权"绝对不能滥用。不管是己方所了解到的来宾的个人隐私，还是来宾主动告知的其个人隐私；不管是在公开场合，还是在私下场合，都要对来宾的这些隐私信息保密。特别是在涉外交往中，更要注意隐私保护，不得无故涉及外宾的任何个人隐私，否则不仅会失去外宾的信任，甚至可能惹出麻烦。

第六章

饮食文化：应知应会的接待知识

舌尖文化：八大菜系源远流长

"民以食为天"，我国有五千年的文化发展历史，美食文化享誉世界，也滋养着中华儿女的身心。著名的"八大菜系"，更是举国称赞的经典传承。作为接待者，必须对川、粤、鲁、湘、苏、浙、徽、闽这些菜系有所了解，才能更好地协调接待工作，为宾客展现我国悠久的美食文化。

（一）川菜

川菜是四川菜系的简称。最早起源于秦汉时期，到汉晋时已基本形成体系。明末清初，辣椒传入当地。由于四川地形为盆地，湿润温热，人们开始习惯用辣椒驱寒去湿，由此形成麻辣辛香的独特饮食风格。

川菜选料广泛，口味多样，烹饪方法以煎炒、干烧、干煸为主，代表菜式如麻婆豆腐、回锅肉、夫妻肺片、宫保鸡丁等。早在20世纪

80年代，川菜就走向国际，逐渐在海外崭露头角。

（二）粤菜

粤菜是广东菜系的简称。粤菜菜品多样，烹调技法有数十种之多，尤其擅长小炒和清蒸技法。粤菜在我国南方地区影响广泛，遍及华南地区和港澳台地区。

粤菜的风味特点是生鲜、清淡，追求鲜美而不俗、脆爽而不焦、肥嫩而不生的境界。粤菜代表菜有蚝油鲍鱼、红烧鱼翅、白灼螺片、豆豉鳝片等。

（三）鲁菜

鲁菜是山东菜系的简称。齐鲁大地是我国传统文化的发祥地，是孔孟等儒家代表人物的出生地。鲁菜在我国北方饮食文化体系内占有重要的地位，尤其在北京、天津和东北地区影响深远。

鲁菜选料讲究，强调刀工和火候，其烹调方法以爆炒、炸、溜、扒为主，善于以大葱调味，重视咸鲜。鲁菜的代表菜式包括一品豆腐、九转大肠、油焖大虾、油爆双脆、芙蓉鸡片、糖醋鲤鱼等，对海鲜的烹制也有其特色，并讲究宴席的菜式配置和礼仪。

（四）湘菜

湘菜是湖南菜系的简称，主要是由湘江流域、洞庭湖和湘西山区的菜系流派组成。湘菜注重菜肴内涵和外形的兼顾，口味偏向酸辣椒香。湘菜的烹调技巧变化多样，尤其擅长煨、烤等技法，并注重刀工的使用，其传统刀法有十几种之多。

湘菜大多用水产品、熏腊制品作为食材原料，重油、重色，香味扑鼻，尤其以民间菜独具风味，其名菜包括剁椒鱼头、辣椒炒肉、湘西外婆菜、辣子鸡等。

（五）苏菜

苏菜是江苏菜系的简称。苏菜源于古代的淮扬菜，受历史上生活在江苏境内的文人墨客影响，也体现出江苏"鱼米之乡"的独特自然优势。

苏菜注重食材的新鲜，多用鲜活的动物原料，强调保持食材的原味。其调料注重清淡，不去压抑原料的原本味道，常用香醋、小磨香油等，使鲜香、清香合流，形成了低盐、低糖、低脂肪的特点，更适应现代人健康养生的追求。

在烹饪技法上，苏菜讲究刀工，不仅其技术精细，还有多种变化，从而让菜品获得精美造型。苏菜的烹制方法包括清炒、清蒸、清炖、白汁等，以炒、烧、溜、烩等技法为主。苏菜的经典名菜苏菜包括红烧狮子头、叫花鸡、松鼠鳜鱼、樱桃肉、响油鳝糊、桂花糯米藕等。

（六）浙菜

浙菜是浙江菜系的简称。浙江居于东海之侧，地域内有平原、山地、丘陵、河流，物产丰饶，商业发达。早在春秋时期，浙菜就开始形成，尤其是南宋建都于杭州后，北方出身的餐饮从业人员云集至此，与原有的餐饮从业人员相互交流，使烹调技艺变得更为完善。

浙菜的特色风格在于细、特、鲜、嫩。细是指运用原料的精细。特是指运用地方特产入菜。鲜是指追求食材的鲜活，突出食材味道的纯真。嫩是指菜肴的口感爽脆甘香。

浙菜擅长炒、炸、溜、烧等烹饪手法，尤其擅长烹饪海鲜河鲜，与北方的烹饪手法有所不同。此外，浙菜菜品的形态相对更为精巧细致，大多与历史文化典故、风景名胜有关，具有独特的文化感。浙菜的代表菜品有西湖醋鱼、东坡肉、龙井虾仁、冰糖甲鱼、雪菜大汤黄鱼、三丝敲鱼等。

（七）徽菜

徽菜是安徽菜系的简称，南宋时期发源于古徽州，以皖南地区的徽菜为其主流代表，融合了沿江、淮北的地方特色。

徽菜既有重色重味的特点，也有保持原汁原味的追求。其皖南口味以咸鲜为主，沿江口味甜辣兼顾，淮北口味咸中有辣，汤汁重色。

徽菜既有宴席为特点的"大碗菜"，也有家常菜，善于选择山珍、河鲜作为食材，有独特的火功、多样的菜式，可谓南北兼顾。徽菜的典型代表菜式包括徽州臭鳜鱼、一品锅、肥西老母鸡汤、淮北地锅鸡等。

（八）闽菜

闽菜是福建菜系的简称，起源于秦汉时期闽江流域，是当地民众在长期生产与生活中，积极利用本地自然资源所形成和开发的餐饮流派。

闽菜注重山珍、海鲜的选料，重在利用食材的原味，对原料的加工以厚薄、粗细、长短、大小一致为原则。闽菜十分重视对汤头的用法，调味很有特点，善用虾油、酒、辣椒酱、芥末、红糟等。闽菜的烹饪手法包括炒、熘、蒸、炖、焖等，很讲究火候的区分运用，并有适应不同场合、档次和消费对象的菜式，包括佛跳墙、醉排骨、荔枝肉、福建酿豆腐等。

传统饮食：为餐桌增光添彩

我国历来崇尚饮食文化。丰富多彩的传统饮食经过了数千年发展，早已成为人类文明财富的重要组成部分。

（一）我国传统饮食文化

饮食文化，就是指烹饪和食品加工工艺、营养保健知识的总和，也包括饮食相关的文学艺术、思想理念和哲学体系。我国的传统饮食文化，是中华民族在长期生活劳动实践过程中创造的精神财富，主要包括"饮"和"食"两方面，前者指酒类和茶叶类饮料，后者指五谷、蔬菜、肉食、鱼鲜等。

（二）传统饮食文化的类型

我国历史悠久、地大物博，在漫长的时间和广袤的地域中，形成了丰富多样的传统饮食文化。

1. 宫廷饮食文化

长达数千年的封建时代，封建帝王不仅重视至高无上的权力，还大都追求个人生活的享受，以体现其权威、地位和爱好，由此形成具有特点的宫廷饮食文化。这类饮食选料严格，品种繁多，烹饪精细，汇集了劳动人民和知识分子的智慧，促进了我国传统饮食文化的积淀和发展。

2. 贵族饮食文化

在长期历史发展过程中，我国的贵族饮食文化形成了精美考究、注重营养、风味独特的特点。尤其以孔府菜、谭家菜等家族菜系为典型代表。

3. 民间饮食文化

相比其他饮食文化类型，我国普通老百姓居家所烹饪的菜肴，才是传统饮食文化的真正发源。民间饮食文化以就地取材为原则，注重实惠简便、易于操作，其口感追求实惠而朴实，很多中餐里的著名菜式大都源于民间传统饮食文化。

4. 宗教饮食文化

在我国，道教、佛教、伊斯兰教等三大宗教也在多年发展中形成了独特的饮食文化。例如佛教的素食、茶饮，道教的素食和果蔬文化，伊斯兰教的清真菜文化等。

（三）传统饮食文化的特点

我国传统饮食文化具有如下特点。

1. 地域特点

我国幅员辽阔、人口众多，不同地域的气候、物产、习惯、风俗等都存在明显差异，并因此在饮食上区分出多种风味。例如，主食上，我国一直有"北面南米"的说法，口味上，我国也有"东酸西辣、南甜北咸"的区别。

2. 时令特点

正所谓"不时不食"。自古以来，我国民众一直按照四季变化来选择食材、调味品和烹饪方式。例如春天要食用新鲜蔬菜，俗称"咬春"，秋季要食用动物肉类，俗称"贴秋膘"等。

3. 审美特点

我国饮食文化既追求味觉的享受，也重视视觉的审美享受，很多菜系都有对食品进行雕刻的工艺，以各种立体造型来装饰菜肴的整体形象，从而形成色香味的和谐统一，给人以物质和精神的双重享受。

4. 文化特点

我国的饮食体系无处不体现文化，包括菜肴名称、食用方式、餐桌沟通、娱乐项目等，都蕴藏着各自不同的文化因素，其中包括历史典故、神话传说、名人轶事、自然风光等。

5. 保健特点

我国传统饮食和健康保健追求有着密切的联系，"食药同源"的思想早已被普遍接受。即便是普通家庭，也会利用家族饮食文化传承，发掘食物原料的药用价值，将保健功效蕴藏在美味佳肴内，从而达到强身健体、预防疾病的效果。

（四）我国传统饮料文化

茶饮料和酒精饮料，是我国传统饮食文化中的瑰宝。从古到今，茶和酒几乎是每个中国家庭的必备品，无论档次高低、价格贵贱，招待宾客时总能看见它们的身影。因此，接待人员也有必要了解传统饮料文化。

1. 传统茶文化

茶，古人称为荼，也称为茗。早在4000多年前，我国人民就开始喝茶了，它最初被当成一种药材，后来逐渐被普遍接受而成为全民饮料。据说，在秦代以前，只有巴蜀人才会种茶、饮茶。秦汉以后，这一习惯逐渐传播到长江流域。到魏晋南北朝时期，茶叶开始成为上流社会接待朋友、开展社交的重要媒介。唐宋之后，饮茶开始普遍化。明代开始，饮茶方法已经与现代相同。

我国的传统茶文化，包括茶道文化、饮茶文化。前者主要由茶具艺术、烹煮艺术、点茶艺术等构成，后者主要由饮茶、品茗等传统文化构成。饮茶的主要目的在于鉴赏茶叶的色香味和形状。这些不仅取决于茶叶本身的质量、饮茶者个人的鉴赏能力，也取决于茶具的质地、大小、轻重、产地、颜色等，还取决于水质的优劣、水种的差异。有关这些因素的取舍，古人在茶文化发展过程中积累了丰富的经验，值得今天的接待人员认真学习。

茶文化不仅成为我国传统文化，同时也影响世界，形成了多种多样的礼仪文化，是我国餐饮文化的经典代表。

2. 传统酒文化

我国人民开始饮酒的历史时间点比饮茶更早，古人传说发明酒饮料的始祖是仪狄、杜康，而杜康造酒的传说对后世影响更大，人们将杜康作为美酒的代称。

我国最早产生的酒精饮料是果酒，后来则发展出谷物酿酒，到魏晋南北朝时期，饮酒风气盛行，使得酿酒业迅速发展。隋唐时期，酿酒业已具备独立性和专业性，酒的种类已经基本出现。宋代开始出现药酒，元代则进一步发展。明清时期，酒文化走向巅峰，各类名酒纷纷出现。目前，我国销量最多的酒类为啤酒，其次是白酒，再次是黄酒，其后依次排序为葡萄酒、果酒、药酒等。

今天，我国的传统酒文化体现在斟酒、敬酒、碰杯、干杯、劝酒、代酒等各方面，酒文化与饮食文化结合后，成为我国人民社会交往的精神内涵，只有充分了解了酒文化，接待者才能深入理解其中精髓。

饮食风俗：瑰宝传承在民间

风俗，就是历代延续而形成的习俗。我国的饮食风俗，是饮食文化基础上约定俗成的集体社会行为。接待工作者需要充分了解这些风俗，并了解其来源中包含的社会原因。

（一）传统节令饮食风俗

由于农业生产生活的特点，我国形成了独特的传统节日体系，广义的节日不仅包括"法定节假日"，还包括以二十四节气为标志的传统历法框架内的岁时节令。这些节令伴随不同的饮食风俗，又与不同地区的地方特色积极融合，形成一脉相承的民风民俗。

1. 春季节令饮食风俗

春季节日主要包括立春、春节、元宵节和清明节等。古人习惯在立春日进行春盘活动，即将蔬菜、水果、点心等装盘，称为"春盘"，在立春这天食用，谓之"咬春"。春节时，除了全国人民都要吃团年饭外，北方人尤其喜欢吃饺子。元宵节时，主要以元宵作为独特的节日食物。清明节时，江南民众有吃青团的风俗，这种食物的主要原材料是糯米粉、糖豆沙、猪油等。

2. 夏季节令饮食风俗

夏季，人们迎来食物种类丰富的时令，该季节的主要节日包括立夏、端午、夏至等。

立夏代表着季节转化，标志一年四季中夏季开始之日。此时，万物长大，食材也变得丰富起来。例如苏州一带就有在立夏日吃"三新"的习俗，即新成熟的樱桃、青梅和麦子，也要吃螺蛳、面筋、白笋、咸鸭蛋、芥菜、嫩蚕豆等。在北方，立夏时节人们会用新成熟的麦饼做成夏饼、面饼吃，通常有咸味和甜味两种，咸味的用肉丝、韭菜为馅料，甜味的则加砂糖。

端午节的代表饮食是粽子。这种风俗始于东汉，当时不仅在端午吃，也在夏至时吃。目前，在我国有些地方，春节期间也食用粽子，也保有元宵节、七夕节吃粽子的风俗。

夏至是全年白昼最长的一日。周朝时，这一天要举行重要的祭祀仪式来祈祷上天，减少疾病灾荒。在我国很多地方，这一天民众都要吃面食，有"冬至馄饨夏至面"的说法。

3. 秋季节令饮食风俗

秋季时，天气摆脱了夏季的炎热潮湿，人们的胃口开始变好，在夏日损失的精力和营养需要得到弥补。因此，北方就有了"贴秋膘"的说法。在立秋这一天，家家都要吃炖肉、肉馅饺子、炖鸡、炖鸭、红烧鱼等。

中秋节不仅是秋天更是全年的重要节日，其代表食物为月饼、桂花。前者品种丰富，传统如广式月饼、苏式月饼、滇式月饼等，新式如冰皮月饼、水晶月饼、巧克力月饼等，受到普遍欢迎。后者包括桂花糕、桂花酒等，尤其在长三角地区，人们会将桂花浸入糖或食盐，做成桂花酱，为中秋食品调味。

重阳节有登高、赏菊、插茱萸的习俗，在饮食上推崇饮用菊花酒、吃重阳糕。如果是接待老年宾客，时值重阳，不妨以这样的特色饮食来应景，同时也能体现出接待方的用心。

4. 冬季节令饮食风俗

冬日来临，寒冷也如期而至。冬季节日包括了立冬、冬至、腊八等，通过摄入丰富多样的饮食，人们可以驱散严寒，迎接春天的到来。

立冬节气代表着冬天的开始。在北方，人们习惯于这一天吃顿饺子，迎接冬天的到来。

冬至的饮食习俗从唐宋开始，形成了"冬至大如年"的说法。在北方，冬至要吃馄饨、饺子、汤圆、年糕等面食。在广东潮汕地区，则要用又甜又圆的甜丸子祭祀祖先。福建厦门地区则要做姜母鸭，以生姜调味并驱散寒气。

腊八节这一天流行吃腊八粥，并举行丰收庆祝活动。腊八粥不仅是节令食物，也是腊八节的重要赠送礼物。

（二）日常仪式饮食风俗

在我国，传统的日常仪式包括生育、婚嫁、寿诞和丧葬等。除了丧葬外，前三种日常仪式都可以为接待工作者积极应用，与接待宾客的实际情况相结合，体现出个性化的接待饮食服务。

1. 生育饮食风俗

漫长的社会发展历史催生了多样化的生育风俗，至今依然在我国很多地区受到重视。如果宾客中有孕妇，接待方可以在饮食菜式中加入桂圆、芝麻等材料，人们认为吃了这些，可以让孩子拥有又大又圆的眼睛、又黑又亮的头发。

婴儿诞生后，民间要向亲戚朋友赠送红鸡蛋、粥米等，并准备满月酒招待宾客。如果宾客中有刚添丁进口的情形，不妨准备类似的菜式和礼品。

2. 婚嫁饮食风俗

婚嫁是我国重要的人生礼仪，有着丰富的饮食习俗。作为接待方，如果面对有刚婚嫁的宾客，不妨准备一些红枣、花生、桂圆、莲子等食材的羹汤，作为"早生贵子"的寓意，将美好的祝愿体现在餐饮中。

3. 寿诞饮食风俗

国人有尊老敬老的传统，在日常家庭生活中经常通过为老人举办寿宴来加以弘扬和表达。寿诞饮食通常有寿面、寿桃、寿糕等。吃面条表示"绵延不绝"，是延年益寿的美好祝福。寿桃则通常以米面制成，其寓意上溯西王母的神话传说。如果宾客中有恰巧过生日的，接待者应提前了解信息，并在接待宴会送上寿面、寿桃，也送上美好的祝福。

争奇斗艳：民族饮食大放异彩

我国是多民族国家，不同民族、不同地区均有自己的民族习俗和饮食文化。近现代以来，各民族的饮食特色获得了新发展，饮食风俗产生了积极的相互影响。接待者在面对不同民族宾客时，如果能基于准确了解而适当照顾其独特的饮食习惯，就会给接待工作增光添彩。

（一）东北、华北的少数民族饮食

东北和华北地区有着辽阔地域，自然资源十分丰富，其农牧业生产的发展具有显著优势，也影响了当地少数民族的饮食文化风俗。

1. 满族饮食风俗

满族的主食以高粱、小米、玉米、麦粉、大豆、粳米为主。他们会在过年吃"年饽饽"，做法是先将饽饽做好，放在外面冷冻，过年时再取出熘熟了吃。

满族人喜欢吃猪肉，也喜欢吃蜜制的点心。白肉血肠、酸菜白肉、沙琪玛、蜜果子等都是满族的传统食品。

2. 朝鲜族饮食风俗

朝鲜族的主食习惯是米饭，也吃各类米面糕饼。在菜肴方面，他们喜欢吃凉拌菜和酱汤，用餐喜欢分食，以铜制餐具食用饭菜。

朝鲜族看重宴会的饮酒环节，主人会对宾客进行热情敬酒、劝酒，宾客也喜欢主人的豪爽。

3. 蒙古族饮食风俗

蒙古族有畜牧业传统，他们喜欢羊肉、面食。

蒙古族喜饮砖茶和奶制品，包括奶茶、奶酒、酸奶等。在招待重要宾客时，他们喜欢用"烤全羊""煮全羊"等菜肴。

（二）西北的少数民族饮食

西北地区少数民族众多。历史上，其生产与经济活动发展水平各不相同，也产生了饮食礼仪习俗上的区别。

1. 回族饮食风俗

回族饮食以牛羊肉为主，目前，回族饮食基本上已发展形成了具有特色的清真菜式，成为闻名全国的特色餐饮文化。

2. 维吾尔族饮食风俗

维吾尔族的日常饮食以羊肉、水果等为主，蔬菜较少。常见以烤馕、拉面、包子等为主食，以奶茶等为饮品。维吾尔族人还喜欢吃"抓饭"，以羊肉、羊油、胡萝卜、葡萄干、洋葱和大米做成焖饭，是招待宾客不可缺少的食品。

（三）西南、中南的少数民族饮食

西南、中南的少数民族数量很多。不同民族所处的地理环境不同，社会经济发展水平不同，该地区少数民族的饮食风俗也呈现出多元化的特色。

1. 藏族饮食风俗

藏族居住于青藏高原、四川西部，有独特的饮食风俗。藏族人日常主食为糌粑，这种食物以青稞面炒熟，用酥油茶和青稞酒搅和后，用手捏成小团食用。吃牛羊肉时，将大块肉煮熟或烤熟，再用刀割开食用。

藏族人喜欢喝青稞酒、酥油茶。他们煮茶的方式也很独特，将茶叶放入水中煮沸成红色后，再投入黄油、盐搅匀后饮用。

2. 傣族饮食风俗

傣族饮食口味以酸辣为特征，日常以糯米为主食，蔬菜为带有酸味的竹笋、白菜、萝卜。肉类如猪、鸡、牛等，通常都配以酸菜，再烤、蒸后食用。有时，傣族还会食用炸昆虫、蚂蚁蛋等昆虫类菜肴，并用来敬献给贵客。

3. 苗族饮食风俗

苗族以大米为主食，也喜欢吃糯米，经常将之做成糯米粑粑食用。他们经常食用的蔬菜包括豆类、瓜类、青菜、萝卜等。苗族嗜好酸辣味，有些苗族人民用骨头、辣椒、食盐、生姜和酒加工制作成"辣骨汤"，是备受欢迎的调味品。

4. 壮族

壮族同样以大米为主食，也杂以玉米。壮族人喜欢自酿酒，包括米酒、红薯酒、木薯酒等。

壮族的节日餐饮习俗与汉族类似，尤其以春节为重点。除夕宴席上必定要有一只大公鸡，否则认为不算过年。过年期间，壮族民众之间还会互相赠送糍粑、米花糖、壮族粽子等食品，独具其民族特色。

先人智慧：中餐饮食的禁忌

接待者在工作时，不可避免地会参加宴请，此时应该注意和掌握中餐饮食的禁忌。

（一）点菜禁忌

点菜时，必须首先考虑用餐者的饮食禁忌。中餐体系里常见的禁忌主要有以下六种。

1. 宗教禁忌

宗教禁忌可谓禁忌之首。例如，当回族朋友前来时，一定要选择清真餐厅。此外还有佛教信徒，他们可能不吃肉，或者在特定日期内不吃肉，对相关信息必须了解清楚后再点菜。

2. 个人禁忌

来访宾客可能由于个人原因而对某些饮食有特殊禁忌。在点菜之前，就应该事先了解清楚。例如，有的人天生不爱吃某些肉类、鱼类，也有人不能闻香菜或香葱的味道。对于这种情况，接待方在点菜时要注意规避。

3. 健康禁忌

如果宾客患有慢性病，接待者应懂得其病症对应的"忌口"，准确进行规避。

即便宾客并未患有慢性疾病，接待者也可以根据他们的不同体质，了解慎点的菜式。

4. 时令禁忌

中医将不同的食物分为"热、温、寒、凉"等性质，根据不同的季节，应适当选用不同性质的食物，同时也要规避不宜性质的食物。

5. 地域禁忌

不同地域的宾客，有着不同的饮食偏好，同时也会抗拒某些口味或食物。例如，广东人通常吃不了辛辣的食物，湖南人很少会喜欢吃甜食等。严格来说，这些并不算禁忌，但很容易因为点错菜而导致宾客兴致不高，造成宴席气氛不佳。

6. 国际禁忌

如果用中餐宴请外宾，要注意外国的宗教、文化、地域、风俗等饮食禁忌，千万不要想当然地做结论。

（二）谐音禁忌

某些饮食禁忌并没有多少科学原理，仅仅是来自生活中某类与饮食有关的常见事件，从而形成了一定的群体情感，并延伸到饮食行为中。

在面对不同宾客时，接待者应该围绕核心宾客，了解其文化背景、出身地域，利用互联网、书籍、熟人等渠道，了解当地是否存在某些餐饮谐音禁忌，并注意在餐饮接待中予以规避。

（三）搭配禁忌

中餐讲究"和"，即滋味的融合、营养的协和。很多菜品在单点时并没有问题，但如果同时出现，就会触碰搭配的禁忌，降低食物营养价值，引发不适症状，甚至导致食物中毒。

第七章

宴会礼仪：接待工作的基本常识

无宴不欢：宴会来由知多少

接待宴会，通常指接待方组织的以用餐为形式的社交聚会。接待宴会通常指正式宴会，这是一种正规、隆重的宴请，其目的是宴请特定来宾，其地点位于相对高档的饭店，其气氛较好、规模较大，尤其对于到场人数、服饰形象、席位排列、菜肴菜式、宾主致辞等，都有较为严谨的要求和标准。

（一）宴会的价值和负面作用

宴会是商务接待中促进宾主关系建设的重要形式，能有效拉近双方的心理距离，消除潜在的矛盾，也能帮助双方加深了解，展示我方的优势和资源。

如果宴会经过充分准备，拥有可口的食物、美好的环境、欢快的气氛，主客双方的情绪体验就会随之变得愉悦。宾客对主方会从不熟悉到熟悉，主方对宾客的需求特点也能进一步加深了解。有时，即便看似简单的一次宴会，也能起到其他接待活动无法产生的作用。

宴会具有重要价值，但也可能产生令人意想不到的负面作用。如果宴会中出现问题，哪怕只是很小的问题，都很容易让宾客产生难以磨灭的负面印象，给宾客造成误会，也会导致接待工作被全盘否定。

（二）宴会的形式

宴会有多种形式，可以根据不同的标准分成不同种类。根据规格，可以分为正式和非正式宴会；根据餐食和服务方式特点，可分为中餐、西餐形式；根据时间可以分为早宴、午宴、晚宴等；根据宴请的性质，可分为接风、送行、答谢等宴会。

在上述分类方式中，最常见的宴会分类是中餐和西餐。

中餐宴会是指宴请时以中式菜品和酒水为主，使用中式餐具，接受中式服务，按照中式礼仪进行。中式宴会能体现民族传统文化，凸显民族特色，是最为常见的宴请类型。

西餐宴会是指以西式菜品和酒水为主，使用西餐餐具，接受西式服务，按照西式程序进行。目前，在进行涉外接待时，较多采用西餐宴会。

（三）宴会的作用

接待者组织的宴会，大都不是以其个人名义发起的，而是以集体或领导的名义发起的。此时，接待者的言行举止，就代表着一个部门、一个企业乃至一个地域的形象。在宴请的过程中，来宾少则一两个组织，多则十几个、几十个企事业单位，此时，宴会的每一方面细节都体现着接待方的重视程度、管理能力和文化素养，尤其是对初次接待或者不够熟悉的宾客更是如此。只有得体适宜的宴会安排，才能在对方心中建立良好的组织形象，赢得尊重和支持。

除了具有树立形象的作用，宴会还能合理化解矛盾。在商务合作过程中，难免会遇到合作双方沟通不顺畅、需求不明确、资源不匹配、理解不一致等问题。通过精心组织的宴会，能巧妙地化解矛盾、消除异议，也能促进主客双方紧张关系的化解，变得更加和谐稳定。

宴会的另一重要作用在于沟通。尽管移动互联网让信息传播变得空前便捷。但面对面的交流沟通，对于组织之间信息的交换，具有难以替代的意义。尤其是在餐桌上的沟通过程中，由于情绪的愉悦而放下戒备，人们的交流往往变得更加生动有趣，也能给双方留下更深刻的印象，发挥更有价值的作用。

（四）接待宴会的特点

接待宴会是宴会中的常见种类，具有浓厚的商务、政务色彩，是一种集体人群之间的社交活动。与私人家宴、朋友聚餐相比，接待宴会更具备组织性、公开性，其准备应更加慎重。

接待宴会主要具备以下特点。

1. "谈"重于"吃"

在接待过程中，"吃"并非目的，而是过程。"吃"背后的谈话，才是宴会的主要目的。接待方应围绕商务或政务目的，将宴请活动作为手段恰当运用，塑造谈判媒介，为最终的合作成功而努力。

2. 重视礼仪

餐桌礼仪，是接待礼仪的重要部分，是接待过程中能帮助你超越同行的重要评判对象。如果接待者懂得更多餐桌礼仪，就能通过宴会让宾主双方的关系更加融洽，那些原本在会议桌上无法解决的问题，在餐桌上反而能轻松解决。因此，身为接待者，必须遵循宴会的规范化礼仪，展现个人和组织的良好形象，表达对宾客的友好和善意。

3. 规范和严肃性

接待宾客有一定的礼仪程序规定，接待宴会也同样如此。如果毫不在意宴请的规范，接待者就会想当然地进行布置和安排，很可能导致整个接待宴会的流程漏洞百出，影响宾客的体验，甚至伤害他们的情感和自尊。

（五）接待宴会的原则

任何接待活动的准备工作都有其原则，接待宴会也不例外。掌握这些原则，接待活动才能合乎礼仪标准。

1. 明确的起止时间节点

遵守时间是对宾客尊重的体现。时间就是生命，时间就是金钱，无论是商务还是公务活动，宴请接待者都要计算好起止的时间节点，确保不会由于宴会而影响宾客的业务活动和休息时间。接待方也应根据宴会起止时间节点来设定相关的宴会步骤，便于我方的具体执行操办。

2. 突出主客

在接待类型的宴会中，要突出主客位置，主方定位应为引导者、欢迎者、服务者。

例如，当宾客进入用餐地点时，主方应确保走在宾客的前方，为他们引导步行方向，并在转弯处、楼梯间、出入电梯时放慢脚步。此外，在进入电梯时，应先让宾客进，出电梯时应顺序相反，避免电梯门在关闭时撞击宾客。

类似的细节不仅能表现出接待者个人的修养，也能展现出整个接待组织的诚意。

良好开端：成功从订餐开始

宴请订餐，是接待宴请的重要环节。接待方在宴请宾客之前，有必要对餐厅位置进行预约，避免当宾客来到宴请地点后，由于没有位置败兴而归。此外，提前订餐还能获得更舒适、更个性化的服务。

宴请订餐应考虑诸多因素，如宴请的具体时间、地点、对象等。

（一）确定时间

确定宴请的时间，应遵从宾客的到访日程、主方的接待日程，从客观情况出发，对时间加以必要的控制。

在选择宴请日期时，可按主方需要安排，例如企业年会、合同洽谈等重要活动，也可按来宾需求进行，例如到访日期、离开日期。通常情况下，要考虑主客双方都合适的时间点。对于涉外接待，还要了解外方宾客不便的时间点，例如重要的节假日、纪念日或者不方便举行宴会的日期等，都应避开。

在具体时间的选择方面，午餐通常用于工作性质的接待，晚餐才是更高档次且用于联络感情的宴会时间点。此外，早餐则是重要人物的约会用餐，通常用于企业单位的领导者之间洽谈沟通的宴会。在确定具体时间时，接待方不能仅从自己方便出发，也要讲究主随客需，优先考虑宾客的实际情况，切勿对宾客的想法和需要不闻不问。如果有可能，应先和宾客进行协商，力求在双方都满意的时间点举行宴会。接待方也可以先准备几种选项，请宾客选择，以示诚意。

在订餐时，接待方要对用餐时间和频率进行控制，既不能过于急促地走过场，也不能耗费时间。一般情况下，正式接待宴会的用餐时间为1.5～2个小时，非正式接待宴会应为1个小时。整个接待周期，宴会一般安排3～4次为宜，即接风、送行各一次，中间则根据接待过程，确定1～2次。

（二）确定地点

接待宴请讲究的并不只是吃饭，更多在于沟通与办事。提前确定合适的沟通地点，是沟通与办事成功的前提。

在订餐时，接待者要考虑多种因素来确定用餐地点。例如，餐厅距离宾客住处的远近、交通方便程度、服务态度、食物的质量和品种、价格水平、营业时间等，都会对接待宴请产生不同程度的影响。

总体而言，一场宴请，参与者少则十几人，多则上百人甚至数百人，想要让宴会地点满足所有人的心理需求是很困难的。这要求接待方在尽量满足大多数参与者的前提下，要侧重满足重要人物的需求。例如，当宾客的身份、地位、社会影响显著高于主人时，应该以宾客需求为主，反之则以主方为主。

为表示主方对宾客的尊重，宴请可以在当地传统著名饭店或星级饭店举行，也可以选择本企业或单位的下属会所、餐厅、饭店或食堂高级包厢进行。为了尊重宾客的民族习惯，有些宴会要设立在清真饭店。如果是早餐，受邀者是重要人物，应该选择五星级酒店行政楼层的独立早餐餐厅、酒廊进行。

无论具体地点是哪里，都必须确保用餐环境的高雅安静，既能帮助联络情感，也能让主客双方畅所欲言，发表看法。例如，某次接待方安排了图书馆氛围的餐厅，音乐从众多原木书架后徐徐传出，餐桌旁有温暖的壁炉炉火，晚宴就在这样的氛围里拉开帷幕，成为独特而有纪念意义的晚宴，让宾客记忆深刻。

选择环境时，要考虑宴会场地的自然环境，也要考虑其建筑环境，并进一步考虑用餐地点的细节因素。

从自然环境而言，不同的自然环境会对宴会气氛、用餐者感受、宴会举办效果产生一定的影响。例如，选择公园、湖泊、海景等自然环境中的餐厅，能增强人在宴会时的感受，让宴会效果锦上添花。

从建筑环境而言，根据餐厅建筑风格的不同，可分为宫殿、园林、民族、现代、综合等五种格局。接待方应结合宴会性质、宾客文化背景、双方合作关系等因素进行综合选择。

此外，从餐厅或包间的场地环境而言，还要考虑面积大小、室内陈设、餐厅灯光和色彩、室内空气质量等因素，从中挑选出最符合宾客年龄、背景等身心特征的具体环境。

如果是较大型的接待宴会，要注意宴会厅的设施是否完备，例如投影、音响等。接待者应该从两方面考察这些因素，首先是"有没有设备"，其次是"设备能否使用"。

此外，接待方对宴会承办方的食品经营水平也要加以了解，不仅要掌握其现有的食品经营资质情况，还要考察其既有的经营历史，通过政府信息公示网站查询其是否出现过食品安全责任事故，作为挑选过程中加以避免的依据。

（三）避免问题

接待者在订餐过程中，可以使用下列技巧来规避问题。

首先，和不同价位、类型的餐厅建立良好的定点合作关系，当宾客来到这些餐厅时，能得到更高质量的服务。

其次，要提前了解宾客在饮食口味方面的偏好，例如是否不能吃重油食品，是否忌口海鲜，是否素食等，提前从熟悉的餐饮店里选择出符合宾客特殊需求的食物。

最后，如果你确实不了解宾客，也没有熟悉的餐饮服务商，那就不要冒险去找那些新店、"网红店"，位于城市核心商圈的传统餐厅是一个比较安全的选择。

千姿百态：巧选菜式妙组合

接待宴请是社交科学，也是人际关系的艺术，点菜则是其中的重要内容。学会选择正确的菜式组合，接待者不仅能得到宾客的认同、领导的赏识，自己也会积累丰富的点菜经验，在日常生活中被亲朋好友所看重。

点菜之所以重要，原因在于其既有程序性的礼仪，又有实质性的知识。它既代表着接待方的社交修养，又考验接待方的餐饮文化。此外，宴会的目的是主客欢聚，气氛融洽，而不是坐下来严肃地讨论工作。点菜这一程序也同样服务于此，而不应成为双方主要领导关注的重点，避免成为负担。

（一）引导宾客点菜

通常而言，大中型宴会没有现场点菜的可能，都是接待方事先安排的。小型宴会入座后，接待方领导会请宾客领导点菜，以示礼貌与尊重。如果有女士在座，则应该先请女士点菜，其余的宾客则随后请到。当然，普通宾客大都会予以客套婉拒，因此点菜还是需要接待方引导完成。

在引导宾客点菜之前，应邀请他们花一点时间浏览菜单，并由服务员对菜式的口味、成分、做法进行一定介绍。如果接待者熟悉该餐厅，则可以亲自介绍，并对宾客可能忌口部分加以提醒。

在引导宾客点菜时，可以采用封闭式提问的方式，例如"××，您吃东星斑还是多宝鱼？"这等于告诉宾客可以先点海鲜，也可以问"××，您看喝什么酒？"这等于告诉宾客已经准备了酒水。这种提问方式能有效地彰显接待方的诚意，也可以用于控制接待成本。

在请服务员帮助引导宾客点菜的过程中，不要直接使用与价格有关的词汇，可以采用婉转说法来表达。

（二）点菜程序和方法

点菜时，应该按照通行程序，使用正确方法进行。

1. 认真阅读菜单

菜单是餐厅面向宾客进行菜肴介绍的载体，完整的菜单包括食物的名称、种类、价格、烹饪方法，也有的菜单还会附有图片展示、相关知识陈述等。通过菜单的描述，接待者可以清楚地了解这道菜的主要内容，并加以适当搭配。

部分中餐菜品会起一些颇有内涵的名字，例如"蚂蚁上树""龙凤呈祥""金玉满堂"，如果菜单上没有介绍而宾客又颇为感兴趣，接待者应请服务员加以仔细介绍，否则不要轻易点菜。

2. 按上菜顺序点菜

一般情况下，中餐的上菜原则是：先冷盘后热菜，先炒菜后烧菜，先咸味后甜口，先清淡后油腻，先菜肴后点心。而点菜时也应遵循这个顺序。

接待方应先点4~8个凉菜，避免桌上长时间空荡。再根据本次宴会的预算点主菜，通常要包括禽类、肉类、鱼鲜等，其数量以4、6、8等偶数为宜。主菜可以穿插一两道本店的特色菜，如野菜、农家菜、私房菜等，这些菜一定要有"说法"、有"渊源"，这样才能成功地引发宾客的好奇心，也会增加宴会中有趣的话题。主菜后应点一两道汤羹，再点蛋糕之类的点心，最后是主食和水果。

3. 征询宾客意见

接待者在点菜过程中，应该不时地停下来，向宾客征询意见，了解他们是否同意和接纳你所点的菜式，也要向本方参与宴会的领导和同事征求意见。此外，适当请教餐厅服务员也是必要的，他们具有比较丰富的经验，往往能提供良好的建议。

在接待方点菜完成后，应再次征求所有人意见，确认无误后，请服务员记下所有菜名。

（三）点酒水的方法

酒水是宴会中必不可少的内容，正所谓无酒不成宴，无酒不成意。在接待宴会中如何点好酒水，是接待方必备的职业技巧。

如果是中餐宴会，酒水和菜肴的搭配就没有西餐宴会那样复杂。

通常情况下，接待方需根据人群的大致分类，确定不同种类的酒水搭配方案供宾客选择，且过程中无须更换。一般而言，中餐餐前饮料为茶水、果汁、矿泉水、碳酸饮料等，佐餐饮料为较高度数的白酒、低度的红酒和啤酒等，餐后饮料统一为茶水。在没有事前沟通的情况下，宾客都会听从接待方对饮料的安排。

在确定酒水时，要注重饮料酒水和宴会氛围、菜肴内容、季节气候的搭配。接待宴会有高、中、低三种不同的级别，酒水从价格上则有高昂、普通、廉价的区别，不同级别的宴会应该选择对应档次的白酒。如果是高档接待宴会，通常选择价格相对较高的白酒，以与宴会的高档氛围相得益彰。如果是档次稍低的普通宴会，可以选择价格适中的白酒，避免酒水过于昂贵，反而抢走了菜肴的风头。当然，最差的组合是"高档菜肴"和"普通白酒"，这种组合存在明显缺陷，这可能会导致宾客产生不适。

除了价格和档次搭配外，不同的宴会还有不同的主题，有的是迎接，有的是祝贺，为了衬托和突出宴会的主题，选择针对性的酒类是很有必要的。

不同的季节存在气候差异，为此也应选择不同的酒类。一般而言，冬天适宜选择可以加温的黄酒、清酒，夏天则可以选择冰镇的啤酒。

接待者也可以根据菜肴特点来选择酒类。

诚意邀约：情感交流的铺垫

接待宴请是一种社交活动，为实现既定目的，接待方要从邀请环节开始进行组织和安排。

（一）明确宴请的目的、名义和对象

在邀请宾客之前，接待方应事先明确宴请的目的、名义和对象。

1. 明确宴请目的

这是为了明确宴请的宾客范围和采用的具体形式。常见的宴请目的包括欢迎、欢送、纪念、答谢、庆贺、节假日等，也可以为了某次合作的成功、某个人物的到来而宴请，即围绕具体的事件或人物。

2. 明确宴请名义

这是帮助接待方更好地发出邀请。大型宴请通常以企事业单位名义发出，小型宴请可以用董事长、部门领导等个人名义发出，还要确定被邀请对象的参加名义，例如重要合作伙伴、重要宾客等。通常而言，主宾双方的身份基本对等，才能让宴请"师出有名"，接待方身份较低，则会显得宴请不够礼貌或过分冷淡。

3. 明确宴请对象

这主要是指接待方确定邀请哪些人士，其具体级别、人数等，都应根据宴请性质、主客身份、行业惯例、双方关系来确定。例如，大型企业之间的重要合作，如确定主方参宴者为分管该项工作的集团领导，则被邀请对象也应为合作方的集团层分管领导。如果只是一次较小的合作，主方参宴者只是部门领导，被邀请对象则也应降低为同等级别。

确定宴请对象时，如果双方关系较为紧密、合作时间较长、级别较高，也可以采用夫妇共同参加的方式。例如，主方参宴者为董事长夫妇，则也应邀请对方的董事长夫妇参加。相应地，主方和受邀者也最好是已婚人士，便于偕同配偶参加。

一般情况下，在接待初次合作、关系较浅的对象时，宴会应邀请有适当身份的陪客参与。但应注意避免选择和主方或客方有业务关系的人，也不要绕过主方和客方的参宴领导去邀请其下属人员。如果是商业宴请，就更不能找和主方或客方的同行参加。

（二）正式邀请

上述内容确定后，接待方即可展开正式邀请。正式邀请可以通过请柬、电子邮件、电话或者当面发出，不论何种形式，都应确保真情实意、言简意赅。

1. 请柬邀约

如果是正式的宴请活动，一般都应发请柬，这既是礼貌，也能对宾客起到提醒和备忘的作用。请柬的发出时间，应以宾客能进行充裕准备为宜。除了临时性的宴请，正式宴请通常应提前两周或至少一周发出请柬，太晚了既不便于宾客安排日程，也显得不够重视和礼貌。即便是已经口头邀约成功的宾客，也应该补送请柬。

请柬以印刷品为首选，突出庄重、美观。如果是小型的正式宴请也可手写，但字迹必须工整、端庄、清晰。

请柬上应体现宴请的目的、形式、时间、地点。一般而言，要在请柬信封上突出宴请对象的名称，可以用"姓氏+职务"，也可以用"姓氏+先生""姓氏+女士"。此外，还要在请柬落款处体现宴请者的名义，如果是以单位名义宴请，可以用××××公司，如果是以个人名义，则可以用姓名，也可以用"职务+姓名"的方式落款。

请柬的文字不需要加标点符号，所提到的单位名称、人名、节日名称等都应用全称。如果请柬需要宾客回复出席情况，可以在请柬上注明"敬请答复"字样，要求宾客予以答复是否出席。如果需要不便出席者答复，则注明"如不能出席，敬请答复"字样，并注明接待方的电话号码。当然，如果为了表示尊重和主动，接待方也可以在请柬发出后，利用电话、微信、电子邮件等方式，向对方询问是否能出席、出席人数等。接待方也要及时根据出席情况，计划、调整和安排好座位。

2. 电邮邀约

电邮邀约，是利用互联网终端设备如电脑、智能手机等，向被邀请宾客的电子邮箱或社交软件等发送邮件进行邀约。与请柬邀约相比，电邮邀约显得相对随便，大多用于主客比较熟悉的情况。

电邮邀约使用的措辞应该尽量简洁，能让宾客在最短时间内看清宴会的用意、时间、地点，同时又能充分传递友好感情。

3. 电话或当面邀约

通常，正式的邀约应注重礼仪程式，还要能设法提醒宾客准时参与，邀约者理应采用请柬或邮件的形式进行。然而，接待过程中的宴会并非全都是正式的，临时的工作餐、领导突然起意的家宴等，接待者可能根本没有时间准备请柬或电邮，电话和当面邀约就成了最常用的方式。

采用类似方式邀约时，应注意充分利用当面和电话的优势，真心实意地发出邀请。接待者应将自己、领导或同事的心情传递给宾客，让他们即便想要拒绝，也没有勇气和毅力坚持。当然，邀约时还要附加合适的理由，所谓的"理由"并不一定在逻辑上充分科学，只要能言之成理，让宾客会心一笑、拉近关系，往往就能达成邀约目的。

例如，"王总，董事长的好朋友刚送他一瓶好酒，他叮嘱我，让我请您留下来一块尝尝……"

"刘教授，今天太感谢您对公司的指导，晚上略备薄酒，想再听您指点一下……"

电话和当面邀约时，应注意根据主客身份和具体环境来明确邀约名义，即说清楚宴请者究竟是个人还是单位、部门，如果是个人，还应具体到是接待者本人还是上司。只有说清楚名义，才能让对方感到邀请者的热情真诚。

群贤毕至：座次排列的学问

宴会座次的排列，具有重要的形式意义。它在一定程度上决定了整场宴会能否顺利完成，宴会的接待成本能否产生应有的效果。接待者在规划宴会座次时，应学会按照从整体到个别的分析过程，逐步加以确定。

（一）餐厅位置的特殊价值

在餐厅就餐时，每桌宾客都希望能坐在舒适的位置上。但对餐厅而言，包厢和桌位的安排都有其特殊意义，不可能确保每个位置都同样理想。接待者要学会将包厢或桌位的整体位置分成以下不同等级来看待。

首先是舒适度高的位置，这些位置包括紧靠窗、视野最佳或者非常安静且不受打扰的角落座位、包厢等，它们通常都更容易被预订。因此，接待者在订餐时如有类似需求，应尽早向餐厅说明，例如有本方领导喜爱的位置等，也可以利用订餐沟通机会来说明。在订餐时，最好直接说明包厢名称、座位号码，以加快确定位置的速度。

其次是舒适度低的位置，这些位置通常只能发挥"替补"的作用，即缺乏最好选择时不得已坐的位置。例如，位于过道入口处的包厢、座位，或者距离后厨、卫生间最近的包厢、座位，都属于该类型，接待者应努力予以避免。

（二）餐厅内部的布局

接待者既要争取良好的用餐位置，也要对餐厅的布局加以了解。一旦缺乏良好的位置，也可以退而求其次，调整到性价比更高的位置，避免因为位置而影响宴会气氛。

以中餐为例，餐桌大多为圆形，以8～10人为一桌。如到访和接待的总人数较多，则分为几桌。其排列形式有横形、竖形、花排等多种，具体选择何种排列方法，应结合场地大小和视觉美观程度决定。

桌次也有主次之分。主桌应安排在宴会厅进门面对位置，以距门远、靠中间为好，其他桌次则按照距离主桌越近则重要程度越高的原则进行排列。

如果只有两桌横排，那么以进门面对的右边为重要，左边为次要。如果是两桌竖排，则以距离进门更远为重要，更近为次要。

无论宴会总共有多少桌，餐桌的大小、形状、材质都要确保一致，不能有所区分。为了确保每位赴宴者能更快地找到自己的位置，可以在请柬或邀请函上注明其所在桌次，再在每张餐桌上摆放位次牌，并用阿拉伯数字书写桌次。

（三）餐桌上的座位次序

宴请时，每张餐桌上的来宾座位顺序也有具体分别，用以体现主次分别。接待方的核心领导作为主人，应面对正门，在主桌上就座。如果是多桌聚餐，则每桌都应有一位接待方的领导，作为核心领导的代表就座，其位置通常和主桌的核心领导相同，有时也可以面向其位置。

每桌距离该桌主人的位次，以近为重要，以远为次要；以右为重要，以左为次要。主宾应坐在主人右手第一个位置，形成该桌的谈话中心。主宾的右手应为接待方该桌的次要主人，其右手为该桌的次要宾客，以此类推。无论何种席次安排方法，都要避免接待方全部坐在一边，宾客全部坐另一边，这样不仅容易产生个别交流，更易形成类似于两大阵营谈判的严肃气氛。

在大型中餐宴会上，为便于双方人员能准确无误地就座，应在桌面上按照人员座位顺序，在面对其正前方的桌面上放置醒目的姓名卡。如果是涉外接待，还应以中文、英文两种文字书写。

如果采用西餐形式的接待宴会，其座次安排则有所不同。西餐座次安排的规律依然是以右为主要，以左为次要。以常见的一字型长台西餐宴席为例，接待方应将主人的席位安排在餐桌横向的上首中部，即面向餐厅正门的中间座位，次要主人的席位安排在其对面，即餐桌横向的下首中部。相对而言，主宾坐在主人的右手边，次要主宾坐在次要主人的右手边，其后则按照男女性别、职务重要性依次穿插排列，这样就能形成两个谈话中心，避免让来客坐到远离中心的席位。

觥筹交错：祝酒、敬酒和劝菜、布菜

宴会不是以喝酒、吃菜为主要目的，而是在更为自然的形式下进行情感沟通。因此，祝酒、敬酒、布菜等礼仪就显得更加重要。

（一）祝酒和答谢

在宴会开始前，每个人的酒杯斟满后，具体负责接待者可以提议，请接待方的核心领导说两句。此时，核心领导可以即兴说几句祝酒话语。这些话可以事先准备好，但不必长篇大论，否则令人生厌。祝酒的话语可以是"意义+前瞻+感谢"的结构，即首先阐述本次宴会对双方的意义，例如感情升华、关系拉近、加强沟通、庆祝成功等，随后再前瞻双方未来的合作成绩，最后表达感谢之情。

例如："诸位来宾，诸位同仁，××公司的先生们为了考察我们的合作项目，远道而来，不辞辛劳。我相信这次宴会一定能为我们提供更好的机会，让我们双方彼此深入了解，加强沟通。在此，我代表公司聊备薄酒，为各位来宾接风，我相信双方的合作会越来越顺畅，取得越来越大的成果！干杯！"

接待方领导祝酒完毕后，接待人员应首先鼓掌并提议大家同饮一杯，推动宴会获得良好的开场。随后，接待人员要提议来宾的主要领导说几句话，即致答谢词。来宾是否愿意说、愿意说多少，都由其自行决定，无须勉强，但在来宾说话之后，一定要鼓掌并提议大家同饮一杯。

在致祝酒词和答谢词的过程中，所有人都应该暂停手头的其他事情，包括喝酒、进食、聊天、玩手机等，应目光正视致辞人，注意倾听。

祝酒词和答谢词结束后，全体人员应站起举杯。每个人都应面带微笑，以眼神向所有人循环示意，并与同级别的来宾人员对视，表示诚意的同时做碰杯状。酒杯无须碰响，即便碰到，动作也应轻，然后将酒全部喝掉。如果不会喝酒，或者喝的是茶水、饮料，也要喝掉部分，而不能不喝就直接坐下。

（二）敬酒

在祝酒和答谢环节结束后，宴会正式开始并进入敬酒环节，这一环节会贯穿整场宴席直到结束，因此必须熟悉相关事项。

1. 敬酒的顺序

宾客领导自然是敬酒的主要对象，接待方向其敬酒的顺序应该是接待方主要领导、次要领导、陪客和普通人员。随后再由宾客领导逐一回敬。当然，如果是很熟悉的合作伙伴，也可以不用刻板地遵循这一规则，或者由双方领导现场协商，指定先由谁敬酒、先回敬谁。

2. 敬酒的姿势

敬酒时一定要站起来，双手举杯，右手拿住杯子，左手垫在杯底。注意，自己的酒杯应该低于对方的领导和同级别，从而表示谦恭。如果自己是领导，对方敬酒者是晚辈，自己也不能将酒杯举太高，产生目中无人的感觉，而是应该轻轻扶起对方的手臂，示意其举高酒杯，表现接待方的热情。

3. 敬酒的话语

敬酒时最好要说一些热情的话语。如果自己身份低于对方，可以说感谢对方的赏识、庆幸拥有合作的机会等内容；如果自己身份高于对方，可以表达欣赏对方的能力、期待双方拥有更好的合作等。当然，也可以说一些符合时节、地点人物特色的话语，例如聊天中谈到对方有人刚结婚，向其敬酒时就可以祝贺"新婚快乐""早生贵子"，这种个性化的敬酒话语，往往能给对方留下深刻印象。

敬酒词和祝酒词不同，敬酒词要尽量简练、口语化，越贴近生活，越能让人感到亲切，酒桌氛围也更加自然。当然，这并不意味着敬酒词越俗越好，而是要语言流畅、确保顺口。为此，敬酒者可以引用一些诗词名句，加上"即兴修改"，就能达到自然、幽默、流畅的沟通效果。

4. 敬酒的禁忌

敬酒时，接待方不要一人敬多人，这种行为相当失礼。即便对方多人来敬接待者一人，在酒量可以的情况下，接待者也应逐一回敬，表示谦逊。

在敬完对方主要领导、次要领导后，如果没有其他重要人物在场，最好按照顺时针顺序敬酒。除非宾客提出不胜酒力等理由，否则千万不要跳过某一个人去敬另一个人。这样做会使被跳过的人陷入尴尬境地，破坏宴会原有的愉悦气氛。

相互敬酒时，不要轻易和宾客碰杯，只需做出示意即可。如果碰到了，就要说一句"我喝完，您随意"，然后把杯里的酒喝完。

有敬酒就要有斟酒。在比较高档的宴会场所，会有服务员斟酒。但除了很正式的接待宴会，很多情况下，双方领导并不喜欢这种"外人"服务的感觉，而是更倾向于由接待者斟酒。此时，接待者要先从宾客的核心领导位置开始，按顺时针方向绕桌依次斟酒。如宾客有所推让，并指出在座职位较高、年纪较长或者贡献较大的宾客，则应按照其意见优先为他们斟酒。此外，由于宴会规格、对象、地域习惯不同，斟酒顺序也应有所调整。例如，同样是携带配偶的宴会，如果宴请的是亚洲宾客，宾客核心领导是男士，则应先为其斟酒，再为其夫人斟酒；如果宴请的是欧美宾客，则应先为其夫人斟酒，再为男士斟酒，以符合其文化习惯。

斟酒和倒茶不同，其原则是"七分茶，十分酒"。为宾客倒茶时，只能倒入杯中七分左右的热水，避免过满外溢导致宾客不便接取和饮用。但为宾客斟酒时，如果是白酒、黄酒、啤酒，就必须倒满，才能体现出尊敬。当然，"满"也不能外溢出酒杯，否则同样会造成宾客的不便。如果是红酒，则应遵照西餐礼仪，不必受此原则的束缚。

（三）劝菜和布菜

宴会上，除了酒，菜的地位同样重要。一般情况下，劝菜比布菜更为得体，更符合现代人的生活习惯。

1. 劝菜

当服务员上菜后，作为接待者，你可以向所有人介绍这道菜的特点，包括原材料、烹饪手法、营养价值、食用方法等，也可以谈谈自己曾经的品尝经验，还可以请服务员帮忙介绍。如果想要向特定宾客劝菜，可以等桌上的旋转盘转到其面前时，再行劝菜。

劝菜时，接待者可以主动用一些固定说法，让气氛更加活跃。例如："各位朋友，这道香酥烤鸡是本地特色，它不仅口味鲜美，而且还有美好的寓意。我们本地人都说，吃鸡头，能一鸣惊人，吃鸡腿，能脚踏实地，吃鸡翅，能迎风起飞，吃胸脯，能胸有大志。来来来，大家都品尝一下！"

2. 布菜

一般情况下，接待者不应主动布菜，但作为中国人特有的待客之道，布菜也有其传统。历史上的知名领导人在接待各国重要来宾时，也会亲自布菜，体现对宾客的尊重。如果接待方的核心领导职位较高、年龄较大，也可以在餐桌上进行这一特定程序。

布菜前，首先，应注意提醒服务员上公筷、公勺，方便布菜。其次，布菜最好是在特色菜肴端上后立刻进行。最后，布菜时要将菜轻轻夹入或盛入对方的碗碟中，分量适中，不宜过多或过少。

无论是劝菜还是布菜，次数都不宜过多，整场宴会最多有一两次即可。因为宴会上最重要的不是宾客吃了多少，而是他们能否觉察到接待者的细致、尊重与热情，这才是决定宴会结果的最重要因素。

小节不失：别忽视仪态和礼仪

餐桌是沟通的谈判桌，也是形象的展示台。当所有人共坐餐桌时，相互的用餐仪态和就餐礼仪就会一览无余。如果仪态优雅、礼仪大方，接待者就会在宾客心中留下良好印象。

（一）用餐仪态

在社交场合或商务活动中，正确的用餐仪态是展示教养和礼貌的重要一环。正确的用餐仪态能让人们融入场合，给人留下良好的印象。

1. 基本仪态

从用餐仪态上看，当人们坐在餐桌旁时，不能像坐在沙发上那样随意，既要避免前倾，也要防止后陷。身体应保持较为挺直的状态，两脚平放在地板上，两手可以轻轻交叉放在桌面，等候宴会开始。

当用餐开始后，要注意避免手部、脚部妨碍到邻座的人。有些人可能是左撇子，在夹取食物、喝饮料时，应尤其避免碰到邻座右手。

2. 餐巾用法

餐巾餐具的用法，是用餐仪态的重要组成部分。餐巾是宴会上的专用方巾，主要作用在于避免食物或油渍污染衣服。在高档餐饮场所，餐巾经常被叠为各种花形，插在酒杯里作为装饰使用。

正式的中餐宴会上，接待者可以向宾客示意拿起餐巾，再按照个人习惯垫在碗碟或酒杯下。如果是西餐，餐巾可系在脖下，或者摊放在腿上，以能接住食物滴落的油渍为适宜。无论何种情形下，除了用于擦拭手或嘴角外，不应将餐巾作为餐巾纸、手帕、抹布使用。

餐巾也可以用来接住吐出的骨头、果核等。此时可以用餐巾遮挡住嘴部，用手拿出骨头或果核，或将之轻轻吐在餐巾内。随后，再将餐巾向内侧折起，放在碗碟旁，也可以直接请服务员重新换一条餐巾。

3. 餐具用法

中餐的主要餐具就是筷子，筷子也见证了我国餐饮文化的悠久历史。在接待宴会上，接待方必须重视筷子的使用仪态，只有理解并尊重相关文化，才能让传统文化来引导和衬托宴会的美好气氛。

使用前，筷子应该在餐桌上成双成对出现，每个人使用的筷子都应同等长度、同等颜色、同等材质。接待者应提前到场，检查督促服务员是否完成了筷子的摆盘工作，避免出现长短、大小、横竖不一致的问题。筷子在摆盘之前，应保证小头指向餐桌内部，大头指向餐桌边缘。在用餐期间需要暂时放下筷子时，应保证还原到摆盘时的位置。

使用过程中，握筷的高度应适中，避免过高或者过低。规范的位置应该是握住上距筷子顶部三分之一左右为宜。这种握法既美观，也便于实际操作中张合筷子。反之，如果握住筷子中部或更下部，不仅难以灵活运用筷子，还容易让筷子头相互撞击，发出声响。在夹取一些细碎的食物时，这种问题会表现得更加明显。

夹取食物时，应当按照灵活而文明的用筷方式，筷子接触到的食物必须夹取成功。如果一次没有成功，千万不能让筷子在空中盘旋，也不能空筷返回，可以顺势夹取其他菜品回到碗碟，这样才能避免尴尬，也不会影响宴会的整体气氛。在夹菜过程中，要注意避让其他人的筷子，也不要伸长胳膊甚至站起来去夹远处的菜肴，这是一种失礼行为。谈话时，也要及时放下筷子，绝不能挥舞筷子做手势，这种行为显得缺乏教养，会破坏宾客的良好体验。

当食物已经送入口中后，千万不要用筷子去撕扯食物，更不能用筷子对碗碟里的食物进行分割、捣戳，这会严重影响其他人的进餐体验，也显得自己粗俗不堪。

进餐时需要注意的礼仪，主要包括如何取菜和食用。每道菜肴都应由主宾先取。无论哪一道菜，如果宾客的核心领导尚未动手，其他人都不应该率先夹取。即便核心领导婉拒该菜肴，也应由主方接待人员或领导请对方的次要宾客夹取菜肴，其他人才能动筷。

夹取菜肴时，不应一次性夹入太多品种和数量到碗里，也不要刚夹一道菜到碗中，紧跟着又夹另一道菜。有些菜如豆类、坚果等比较细碎，可以用勺子将其盛入自己的碗碟中。当碗碟中的食物全部吃完后，再夹取其他菜肴。诸如汤羹等菜肴，通常会由服务员分配，如果希望增添，应该等服务员送上时再次索要或夹取。

4. 旋转桌用法

很多餐厅都会使用旋转桌。就餐时，不要反向推动旋转桌，使其按顺时针而非逆时针方向转动，也不应将自己的餐具放到旋转桌上，这会让其他人感到困惑。此外，当宾客在夹菜时，也可以稍微阻挡旋转桌的前进，表示对宾客的尊重。

（二）用餐礼仪

在社交场合用餐时，遵守正确的用餐礼仪是非常重要的。以下是一些常见的用餐礼仪规范。

1. 基本礼仪

在用餐过程中，如果口中已经有了食物，就不应急于说话，而是先将口中的食物咽下去再说话。在咀嚼食物时，避免发出声音。同时，也不要露出牙齿，否则肆无忌惮地吃饭，对其他人很不尊重。用餐时也不要吃太快，应该咽下食物后再吃下一口。

用餐的整体速度不能太快，否则就如同狼吞虎咽，令人感觉发怵。如果太慢，就会感觉不开心，也无法从事照顾宾客、召唤服务员等接待工作。

在用餐间隙，不要当着他人的面清理个人卫生，例如剔牙齿、擦手、吐痰乃至挖耳朵、修指甲、揉眼睛之类，都要离开餐桌进行，否则会破坏宴会气氛。如果遇到个人卫生问题，应该向周围人表示歉意后去洗手间，清洁完毕后重新整理仪容再回到餐桌。

2. 特殊菜肴的吃法

在中餐体系里，绝大多数菜肴的吃法都是类似的，但也有少数特殊菜肴具有不同的食用方法。接待者有必要先自行掌握，再在宴席中适当辅导帮助宾客。

进退有据：迎宾与退席之礼

宴席的意义并非只在吃喝过程中，其礼仪贯穿了迎宾、退席的全程。其中每个步骤、每个细节，都体现出接待方的素养和态度。作为主人，既要热情地接待宾客，为宴会的气氛预热，又要在宴会结束后照顾好每个人的感受，让他们留下美好的回忆。

（一）迎宾

1. 迎接

在迎宾时，接待人员要比宾客提前到达，在包间门口迎接宾客。如果担心宾客找不到包间位置，可以提前请其他人或服务员到餐厅门口等候。按照习惯，提前的时间不用太长，也不应太短，最好比约定好的时间提前5～10分钟。

如果迎接的宾客有好几批，可以请先来的宾客在大厅休息，或者进入包间在沙发上休息聊天。接待者可以利用这个机会与宾客沟通，或者介绍不同的宾客相互认识。如果有少数宾客迟到了15分钟以上，接待者应该请已到来宾在餐桌就座。这是因为等候时间过久，就难免让大多数准点到达的来宾心生误会，认为自己不受重视。

无论对何种级别、职务、年龄的宾客，接待者都应分别打招呼，不能有所疏漏。当宾客大部分到齐后，接待方的主要领导应在餐桌位置就座，同时仍然要保留一两名接待人员，留在饭店门前、大厅或者包间外，招呼稍后而来的宾客，并将他们介绍给在座者。

具体负责接待的人员，应在迎宾时保持同样的热情态度，对所有来宾一视同仁。千万不要只是对衣着光鲜亮丽、神采飞扬、年富力强的宾客笑脸相迎，而对衣着朴素、神情淡然、面相年轻的宾客随意敷衍。实际上，接待者并不可能深入了解对方企业、部门、团队内所有的人际关系，或许在你眼中可有可无的小角色，只是习惯了低调而已。

2. 入座

从迎接宾客到陪同入座，是接待者最容易忽视礼仪的时间段。如果宾客的核心领导偕同夫人参加，应该由接待者陪同两人先进入餐厅，其他宾客随后跟进。但在有些接待场合中，接待人员陪着核心宾客、其他宾客入座，女宾反而被落在最后面，这种情况应加以避免。无论任何情况下，都应由接待方人员或陪客走在最后，保证所有宾客都不会被"落下"。

在入座时，接待人员应通过轻声语言、小幅度动作，指引来宾坐到正确位置。如果有宾客坐错位置，可以巧妙地寻找借口来进行换座，例如"这边空调风大""这边没有人喝白酒"等。也可以将错就错，直接让与宾客同等级别、职务、年龄的接待人员和他在一起坐。

在宴会将要结束时，宾主双方的领导往往会做一些总结性的发言。在发言结束后，接待者可以抓住时机，询问是否要再上主食，随后，还可以再让服务员上果盘。

（三）告别

宴会结束后，如果餐厅外还有休息厅且宾客有谈话的余兴，主宾可以在此处休息、聊天、喝茶。当宾客道谢并告辞时，接待者应陪同主方领导、其他人员，先后向宾客逐一告别。告别时，接待者应对不同宾客致意，例如对职务较高的宾客，可以说"非常感谢您的光临"；对酒喝多了的宾客，可以说"您今天真是高兴"；对酒喝得不到位、发言较少的宾客，可以说"抱歉今天没能尽兴"；对用餐不多的宾客，可以说"抱歉今天照顾不周"；等等。当然，也不要以"时间还早"等理由挽留客户，客户很可能还有其他安排，而当面拒绝挽留则又显得不够礼貌。

一般情况下，送客应送到饭店门口，如果宾客对此地不熟悉，可以再多送一段路，直至其上车，也可以直接安排接待车辆将宾客送回住处。如果是重要宾客，应该在预估其回到住处时，再打电话联系确认平安。

第八章

涉外接待：外事交往中的原则和分寸

谨守规矩：涉外接待的原则

改革开放以来，我国在政治、经济、文化等领域同世界其他国家和地区之间交往日益密切，各类企事业单位的涉外活动也愈加频繁，由此带来的私人交往也愈发普遍。在这些涉外交往中，作为接待者必须熟悉双方在历史、文化、习俗、宗教方面的不同点，遵循外事交往活动中的原则，把握相关规范的分寸，这对于发展涉外友谊，促进彼此的理解与合作具有重要意义。

在涉外接待中，尽管具体的礼节可能根据来访者的国籍、文化背景有所不同，但都需要掌握一定的原则。这些原则可以帮助接待者理解涉外礼仪的含义，使接待方的行动更加礼貌大方。

涉外接待的礼仪原则并非法定，而是形成于长期的接待实践。由于各国涉外接待过程中具有相同之处，这些部分逐渐演化成为全球通行的惯例，并融入了不同国家、民族的本土文化特色。

我国涉外接待的礼仪原则，是在尊重世界各国和民族习俗惯例的基础上不断革新完善而形成的，主要包括以下几点。

1. 大局观念

无论是商务接待还是公务接待，都要符合我国的法律制度、政治规矩和社会习俗要求。因此，无论何种性质的涉外接待，接待者都应提前树立大局观念，不能任性而为，也不能偏执随意，避免由于缺乏大局意识而出现问题。

2. 平等接待

在涉外活动中，尽管不同国家文化不同，但接待者应确保主客平等，既不能将热情接待执行成低声下气，也不能将平等接待执行成傲慢无礼。正确的涉外接待方式一定是不卑不亢的，对于来访者，接待者既要有主人应有的热情态度，礼貌接待宾客，也不能丢失个人尊严和民族荣誉。

需要注意的是，在民间接待中，应更多注重经济效益、社会影响，对不同国籍的宾客不宜进行等级划分，也不适宜采用接待规格区分。

3. 务实原则

经过长期接待实践的积累和创新，我国政商文教各界已形成了不同档次、不同用途的涉外接待规格，其总体原则为平等而实效。

平等，是指国格、人格上的相互平等。实效，是指接待应追求实际效果。

不同批次的来访对象千差万别，对接待提出了不同具体要求。接待人员应提前进行调查了解，明确来访宾客的实际需求，恰当处理接待过程中的各项细节问题。在安排接待步骤时，要确保每个步骤都具有针对性，能突出实际礼仪效果，而不是盲目讲排场、搞场面，导致铺张浪费。

4. 互相尊重原则

涉外接待过程中，要确保双方的相互尊重。接待者要尊重对方，无论其国家、地区的影响力是否大，企业品牌是否响亮、资金实力是否雄厚，宗教风俗习惯等是否为我们所理解，都不能成为接待中歧视对待的理由。尤其是接待过程中的细节，更要确保尊重对方。

互相尊重的另一方面是充分自尊。只有表现出应有的自尊，接待者才能获得应有的尊重，双方才能携手走向互利互惠的合作起点。

5. 合法合规原则

在涉外接待过程中，合法合规是底线。不仅要遵守我国的法律法规，还要遵守对方国家或地区的法律法规，以及国际法律、通行规则、各类双边或多边协议等。

6. 保密安全原则

在涉外接待中，一定要注意对国家、单位、企业机密的保护，千万不要麻痹大意，自作主张地向外宾透露消息。在这方面，宁可过于谨慎，也不能疏于防范。

7. 灵活原则

接待者应该灵活应对各种情况。不同的外宾可能会有不同的需求和期望，接待者需要具备良好的沟通能力和解决问题的能力，以满足外宾的要求并解决可能出现的困难。在接待过程中，接待者应该保持耐心和友好，尽力帮助外宾解决问题，并给予他们所需的支持和协助。

遵循惯例：交际往来的礼节

由于不同国家和地区的文化传统、风俗习惯有所差异，国际上形成了一定的交际礼仪惯例。如果接待人员不懂得加以了解并掌握，就可能在与外宾的交际往来中出现问题，对双方关系产生不良影响。

（一）排序礼节

在国际交往过程中，如果需要将人们按照左右顺序进行并排排列时，其基本规则是右边为尊，左边为卑。值得注意的是，这和我国的并排排列原则是相反的，国内传统是以左为尊。例如，国内召开会议时，如果主席台上就座者为奇数，则中间位置为最重要领导，其左手边为二号领导，右手边为三号领导，以此类推。但国际会议则恰恰相反。因此，在接待外宾时，为表示客气、礼貌，接待人员应主动居于左侧，外宾则居于右侧。同时，职位、资历、年龄较低者应居于左侧，职位、资历、年龄较高者居于右侧。

例如，在举行会议时，会议双方通常坐在长桌两侧。此时，应以推开门而入的视角右侧为上座，接待方应安排外宾在这一侧就座。

又如，大会主席台上的排列，也应以右边为尊。此时，要以主席台向台下看的视角右侧为上座，接待者应安排外宾优先在这一侧就座，而发言讲台也应安排在这一侧。

有时，进行接待的人员不止一人，如果需要进行排队合影、会见时，也需要遵守上述原则。接待方应该在属于自己的"队列"里，按照以右为尊的原则来确定人员顺序。

（二）国旗悬挂礼节

值得一提的是，国旗悬挂的顺序。国旗是主权国家的象征，在涉外交往的正式场合中，理应悬挂本国和外宾国家的国旗，这既体现了接待方的爱国情怀，也充分表达了对外宾国家的尊重。但悬挂国旗是非常严肃的事情，不仅要避免将外宾国的国旗悬挂错误，也要遵循以右为尊的原则。

当并排悬挂两国国旗时，要按照惯例，以国旗自身的面向为准，将外宾国国旗悬挂在右侧，将接待国国旗悬挂在左侧。如果需要同时悬挂多国国旗，也要以国旗自身面向为准，将最主要的外宾国国旗放在最右侧，将次要的外宾国国旗放在次右侧，将接待国旗放在最左侧，以表示必要的谦恭。

（三）距离礼节

确定排序和方向惯例后，接待者应进一步按惯例确定双方距离。在和外宾进行交往应酬时，应根据双方关系不同，与对方保持适当的空间距离。

在国际通行的交往礼仪中，人们的交际距离是有一定标准的。如果距离过远，会让外宾感觉被排斥。如果距离过近，则又如同侵犯了他人的私密空间。

（四）言行礼节

与外宾来往，不仅要注意相处距离，还要注意个人的举止和动作，千万不能因为随意动作而产生误会。不要随便用动作表达热情。在国内，朋友熟人见面，可以拍肩膀，遇到别人的孩子，作为长辈可以抚摸脸、头顶……类似行为并不算奇怪，但很多外宾却难以接受。

此外，在涉外接待中，无论双方互动气氛有多好，都不应在言行上对外宾表现出过于关心，不要让对方觉得你超越了合理的言行边界。国人往往喜欢和朋友分享自己的事情。但外宾却强调个人自主自由，反对别人过多询问关心，因此，在与外宾交往时，我们可以在尊重他们的同时，保持适度的关注和关心。

在涉外接待中，我们应尽量求同存异，对外宾国的礼仪习俗有所了解、充分尊重，对国际通行的交往礼仪认真遵守，这才是正确的待客之道。

缜密有序：迎送会谈的礼节

在涉外接待过程中，必然少不了相关迎接、送行、活动的安排，也包括有关的各种仪式。掌握与此有关的礼节要求，能更快更好地促使交往目的实现。

（一）迎接外宾

在迎接外宾时，对于前来访问、洽谈、参会的外宾，接待者应重点了解其到达的航班或车次，并安排和外宾职务等级相当的人员，共同前往迎接。

接待方必须充分考虑交通、天气、偶发事件等各类因素，宁可早到，不能迟到。除非对方已提前通知，不要考虑车次、航班的晚点，而应在其准点到达前20分钟左右到达车站或机场。否则即便迟到短短几分钟，也可能对双方未来的合作基础产生破坏。

在接到外宾后，首先应表示问候，如"路上还好吗？"随后是致意，如"欢迎您前来××省××市！""欢迎前来我公司！"再是自我介绍，包括姓名、职位，代表的公司领导级别等，也可以在此时递上名片，提醒对方本次访问中有任何问题都可以联系你。

在迎接外宾之前，应该准备好车辆。上车时，可以主动帮助宾客提大件行李，但外宾随身携带的公文包、女士提包等，千万不要提出代拿。

在车上，可以同外宾进一步交流沟通。接待前应事先询问外宾是否需要安排好住处，如果其已同意，此时就可以安排住处，让宾客休息。抵达住处后，帮助外宾适当安排，即可适时离开。

迎接外宾时，接待者应注意形象大方，要目视对方，有一定的眼神交流，而不能刻板生硬。如果对方使用非汉语，应确保有精通其语言的人在场，避免出现沟通问题。

（二）送外宾

相比迎接，送客同样重要。当一场接待工作顺利完成后，如果送客程序马虎，就会导致之前的工作付诸东流。

送客时，接待者应首先表达出对整场接待工作的愉快之情，表露下次还能继续合作的愿望，可以提议握手来表达心情。如果外宾自带交通工具，就可以将他们送出大门外，也可以将他们送上车，帮助关好车门。如果是更远的外宾，就应该提前征求其意见，询问是否需要帮助购买车票、机票，然后尽量由接站的接待者将他们送到车站或机场，如果换人，则要和外宾说明情况，并目送他们进入检票口后再示意离开。

（三）与外宾的会见会议

在涉外接待活动中，会见、会议等活动是必不可少的。掌握相关礼仪要求，能让其目的尽快实现。

会见，是通过双方直接见面、交谈来交换看法。会议则是更大规模的会见。会见可以分为接见或拜会。如果外宾身份、职务较主方低，则接待方称为接见，反之则为拜会。从内容上看，礼节性的会见时间不长，话题范围较广，形式也比较随便；业务性的会见则应集中话题，关联到双方切实合作的领域。

1. 地点选择

会见时，应按照总人数的多少，提前确定会见房间，包括大小、形状，并安排座位。宾主双方可以穿插坐，也可以分开面对而坐，这取决于具体的话题。一般而言，会谈应使用长方形、椭圆形的会议桌，以正门进入方向，接待方核心领导以背对正门落座，外宾则面向正门而坐。其中，双方主要参加会见的人员居中，其他人员则按照重要顺序从右到左分别排列。一般而言，翻译员、记录员可以在主要人员后面就座，也可以在会议桌右侧就座。无论采取何种就座方式，都应充分体现双方平等的理念。

2. 会场布置

确定会见地点后，应着手布置会场。如果会见人数较多，应选择面积较大的房间，就要提前准备好音响、麦克风等物品，并提前调试，确保功能正常。如果外宾人数较多，还要提前在会议桌或者主席台上摆放有中文、外文书写工整的座位卡，用于引导外宾就座。此外，按照我国惯例，应在会见开始前准备茶水，夏天也可以准备矿泉水，如果是较长的会议，还可以事先准备茶点。

会见开始当天，接待方应首先抵达。当然，如果主方是身份、职位较高的人士接见对方，也可以在外宾到齐后再到场。当外宾抵达会见场所后，应派接待人员到门口迎接，并负责引领带入会见场所。会见结束后，接待方应将外宾送到门口或上车道别，等外宾离开后，接待者才能离开。

如果会见安排了合影环节，就要提前统计有多少人参加合影。接待者应提前画好合影图，安排站位次序。通常应该让主方最核心领导居中，主要外宾紧挨领导的右边，主客双方在前排间隔排列，两端则应为接待方人员。当人员较多需要前后排分列时，应充分考虑双方人员的身份、职位是否均衡，同时注意场地大小、摄影设备功能正常等。一般而言，合影应安排于会见结束后。

3. 谈话礼节

在涉外会见过程中，接待者的言谈不仅体现个人的知识水平、文化程度、思想修养，也能展现出其所在单位、企业的文明程度和事业理念。因此，接待者有必要掌握以下会见谈话知识。

首先是称呼。在涉外会见中，对一般的成年男子可称呼"先生"，对已婚或具有一定社会地位的女性都称为"夫人"，对未婚或者婚姻状况不明确的女性则称为"小姐"或"女士"。

一般情况下，对外国政府官员可以称为"阁下"，如果其有爵位、军衔、职衔等，可以直接称呼，例如"爵士""上校""博士"等，也可以冠以姓氏来称呼。

其次是态度。在涉外会见中，无论交谈内容的实际进展如何，都要做到相互尊重，正视会见对象并认真倾听其表达的内容。接待者的表情要自然亲切，语气应谦和诚恳，坐姿不安、面露疲倦或不耐烦神色，都是失礼的表现。

再次是说话时机。如果想要临时表达，必须要提前打招呼，如"不好意思我补充一下"，而不能随意打断人和人的言谈过程。

最后，对于会见谈话中出现的错误、不当，接待者不应抓住不放甚至大加嘲讽，而应妥当处理，即便双方有意见分歧，也应适当提醒对方加以改正，以此展现主方的素质涵养。

忙而不乱：谈判签字的礼节

在涉外谈判中，接待方应以诚信为本，既要考虑自身利益，也应站在对方角度上充分考虑问题，以此为基础展现主方诚意，营造长久合作的友好关系。

（一）谈判前准备

谈判开始之前，接待者应熟悉谈判对手所在国家风土人情，尤其注意规避其民族和宗教禁忌，以适时提醒主方谈判代表注意避免失礼。在谈判开始后，接待者应综合观察了解对手的表现，如是热情还是沉默，是果断还是多疑，是善意合作还是故意挑刺，是谦和君子还是自命不凡等。谈判对手的表现，不仅与其个人性格有关，也和其所在组织、所在国家和地区的社会政治、经济、文化特点有关，其不同的表现展示出不同的思维特点和价值观特色。接待者虽不一定直接参与谈判，但做好充分了解，形成正确预判，会对主方取得谈判优势有一定的帮助。

谈判地点的安排，应充分考虑各国的文化习惯风俗，避免将接待方主观意志强加于人。双方谈判地点的安排方法与会见类似。多边谈判，可以考虑将座位摆设成为圆形、方形，充分彰显各方的公平性。小型谈判也可以只设立沙发。

接待方应提前向外宾提供主方的谈判人员名单、资料，并将谈判时间、地点、有关注意事项等全部通知对方。谈判开始前，接待方可以迎接，也可以只由谈判地所在的工作人员负责迎接并引入谈判室。

谈判开始前，接待方应与外宾谈判成员一一握手。接待方可以邀请外宾首先入座，或者双方一起就座，但接待方不能自顾自坐下。双方谈判时，无论哪方发表意见，在其讲话过程中，接待方人员都不应交头接耳自顾自讨论，更不能置若罔闻地翻看其他材料，也不能粗鲁地打断他人发言。

接待方在安排谈判程序时，应让身份对等的人员与对方谈判，不应安排身份过高或过低的人员，避免令对方误会。一般情况下，可以由主方谈判团领导指定负责人来草拟谈判提纲，由具体分管某项业务的执行人员和对方谈细节。主方谈判团的最高领导可以只是会见外宾，不直接参加谈判，以保留一定的转圜空间。

（二）谈判过程

在谈判时，谈判人员应保持良好状态，做到精神饱满、精力充沛。在开始实质性谈判之前，接待人员可以聊聊容易引发双方共鸣的话题，以此活跃气氛，缓解压力。当然，这部分时间不能太长，只能占据总时间的5%。

开始正式谈判时，接待方应以体态、语言来表现真诚，不需要总是咄咄逼人，而是可以略带微笑，以目光看向对方双眼上部的前额位置为宜。这种眼神能更好地获得谈判过程中的主动权，也不会引起对方的反感。在谈判过程中，接待方应尽量控制体态，不要频繁做出托腮、抚摸前额等动作，否则容易让对方产生不耐烦情绪，影响谈判进度。

谈判过程中，要学会通过运用恰当字词来表达深层需求，不要使用责备、挖苦的语言。同时，要认真聆听对方表达的内容，从中找到突破机会。

（三）签字仪式

随着谈判顺利完成，双方达成协议，签字仪式是必不可少的。该仪式是涉外谈判活动中的关键环节，前期所有接待工作都是为了最后"白纸黑字"的这一刻。此时，接待方应认真准备好签字文本，在双方谈判认可之后，应指定专门工作人员负责文本定稿、翻译、校对、印刷、装订、用印等环节的工作。在此过程中，不仅要核对文本的一致性，还要核对附件的真实性、准确性，例如项目批件、许可证、文件、订货单、价格单等。经过检查确认无误的待签字文本应装订成册后制作封面。

签字仪式的场地应光线明亮、环境整洁、气氛庄重，签字桌应横放在场地，桌上事先准备好待签字文本、签字笔等，还可以在签字桌上摆放鲜花，增加庆祝气氛。

如果现场是双边签字，签字者应面对房间正门而坐，其他人员则呈单行或多行并排站立在签字者身后，同样面对房间正门。以该方向为准，右侧的人是客方，左侧的人是接待方。职位较高的人站在中间，职位较低的人站在两侧。如果是多行形式，则站在前排的职位较高，站在后排的职位较低。

如果现场为多边签字，其基本形式类似，但签字顺序应事先同外宾进行商议约定后依次进行。

举行签字仪式之前，接待方应安排签字人员、服务人员，穿着深色西装套装，配以白衬衫和深色皮鞋。

签字时，双方应先签署本方的文本，再签署由对方保存的文本。签字完成后，双方应相互微笑致意，亲切握手，交换文本，同时交换各自使用的签字笔作为纪念。此时全场人员应积极鼓掌祝贺，接待方此时应组织工作人员端上香槟酒，在场的签字人员干杯庆祝。

签字仪式结束后，应先请双方领导退场，再请外宾退场，最后是接待方退场。普通的签字仪式时长以30分钟为宜。

参观礼仪：让展示效果更好

我国有数千年文明历史，有美丽的风景、璀璨的文化。前来我国访问洽谈的外宾，都渴望借此机会参观，进一步了解我国社会，深入感受风土人情。接待方理应满足外宾的要求，为其准备风景名胜、单位设施的实地游览、观看项目，并做出妥善安排。

（一）确定项目

外宾参观活动涉及两方面人员，既有接待方，也有陪同方。接待者应做好参观事宜的安排工作，在参观开始之前，就要充分了解外宾对参观活动的目的、要求和喜好，对选定项目有所取舍。在选择项目时，应根据参观目的、性质，结合外宾的背景、兴趣，以及接待方所在地的实际情况来确定。一般而言，如果外宾是政府官员、财团、大型企业领导，可以参观能体现当地经济发展情况的商业项目、经济开发区、企业等；对于一般企业领导、专业技术人员，可以安排参观与其业务关系密切的部门、单位，或者安排具有地方特点的游览项目。

当然，安排参观项目也要从目的地实际出发，确保力所能及。接待方要考虑多种因素，包括接待能力、安全措施、保密措施等。如果事先了解或考察后发现条件不成熟，就不应将之确定为参观目的地。

通常，对于身份职位较高的外宾访问团，事前可以了解其参观需求，加以计划。对于普通访问团，可事先制定方案，在其到达后沟通并提出日程，如果其存在困难，可以双方协商调整。在选择参观项目时，还要注意外宾的身体情况。如果是年老者，不宜安排长时间的参观项目。如果外宾有心脏病、高血压等疾病，也不宜组织进行登高项目。

在确定参观游览项目后，接待方应制订完整的参观计划和日程，包括参观的线路、景点或项目，参观是否安排座谈以及交通工具等。在形成详细日程后，应及时通知有关单位和人员做好参观接待工作，包括准备休息室、具体路线日程、饮料茶点等，便于各方配合。

（二）陪同事宜

外宾前往参观时，接待方应安排对等身份的人陪同。因此，接待者应提前和外宾联系，确定其参观时的带队领导，如果主方拟派出身份较高的领导陪同，应提前通知外宾。具体参观目的地单位应指定专职人员接待，并配备解说介绍人员。此外不应干扰参观目的地的正常秩序，避免引起围观。

在参观出发之前，接待方要对交通工具情况加以检查，确保其性能良好。要事先安排好行车路线和时间，了解交通情况，并安排好用餐。如果路程较远，还要事先确定好休息的地点。在做好准备后，将出发、集合、用餐、休息的时间和地点及时通知外宾代表团和主方工作人员。

参观活动是否精彩，解说水平是关键因素。如果条件允许，可以在抵达目的地后，先放映一段目的地情况的纪录片，这样既能节省大量介绍时间，又能让宾客提前对目的地形成初步印象，在实地参观时效果更好。

接待方的陪同人员应提前熟悉目的地情况，能基于事实向外宾介绍，准确运用材料和数据，既不能夸夸其谈，也不能一问三不知。如果有自己确实不了解或回答不了的问题，可以咨询参观目的地人员后再答复，如果是与保密有关的内容，则应明确表示无法介绍。

介绍时，还应注意时间比例，不要唯恐外宾不了解而喋喋不休，应该让外宾多看多想，再抓住时间略做介绍。如果外宾对某个事项很有兴趣，主动提出问题，则可以深入介绍。

在参观过程中，一般应允许外宾摄影。如果有按法律法规不能摄影处，应提前向外宾说明，并在现场竖立"禁止摄影"的中英文标牌。

庆典礼仪：与外宾共欢乐

在涉外活动中，庆典礼仪是常有的事项，其主要形式包括庆祝会议和剪彩仪式两种类型。

（一）庆祝会议

庆祝会议，是指围绕某一重要合作项目或纪念日而举行的庆祝类典礼会议。例如，中外合作的大型工程开工和竣工、企业的开工、厂庆、校庆等，其接待规格高、规模大、人员多、范围广且要求严格，加大了接待工作的难度。

举行涉外庆祝会议之前，接待方要先制定会议方案，其内容包括会议的名称、时间、地点、参会单位和人员，也包括主持人、总指挥、服务人员，同样包括议程、宣传方案、安全方案、接待方案和庆典后的善后方案等。接待者在制定这些方案时，要尽可能多想到困难和问题，按照庆典流程逐项理清工作思路。对于其中可能需要请示领导的问题，如邀请哪些外宾、具体议程安排等，要及时请示领导并获得批准。

在确定方案之后，要尽早向外宾发出请柬。请柬可以主办单位名义发出，也可以主要领导个人名义发出，请柬上应列举庆典的基本概况，包括时间、地点、事由等。请柬可以通过传真、电子邮件等方式提前寄出，如果企业在外宾所在国设有分公司、联络办等，还可以派人直接送去。

庆祝会议同其他涉外会议应有所区别，其主题更加祥和欢庆。来宾一般都应佩戴胸花，其中在主席台上就座的外宾佩戴"贵宾"花束，其他外宾佩戴"来宾"花束。"贵宾"和"来宾"花束的大小和颜色应有所区别，以便于服务人员识别和引导。接待方的服务人员证件可以按照一般会议证件制作。如果需要向公共服务人员如记者、司机等发放证件，应注意颜色区别。

庆祝会议的场地既要隆重热烈，也要避免铺张浪费。主席台可以本着适宜原则，如果庆祝会议规模不大，可以搭成简易的敞开式样，参会人员依次横向站立即可。如果人数较多，需要排成数行，即可搭建成为阶梯状，避免后排被遮挡。主席台上方应悬挂中英文的红底白字条幅，台前和两侧可摆放花篮、牌匾，四周可悬挂彩旗、彩带或充气彩门、氢气球等。

庆祝会议的程序通常比较简单，包括接待方作为主办单位介绍情况、政府或者上级部门领导的讲话、外宾的讲话等内容，接待方应根据实际情况，提前计算好逐项内容的时间比例。此外，庆祝会议还应准备扩音器材、交通车辆、饮料茶水、医疗设施、防雨防火等设备，同时还要和有关部门联系，确定电力供应，了解气象信息等。

（二）剪彩仪式

相比庆祝会议，剪彩仪式更具有国际影响。这项仪式最初源于国外，是象征新店开张的庆祝活动，后来演变为备受重视的商务庆祝活动。

剪彩仪式开始之前的准备活动，与庆祝会议类似，同样需要确定时间地点和服务人员、发送请柬、布置场地等。但剪彩仪式不需要布置主席台，只需要对活动现场做出简单装饰，悬挂写有剪彩仪式名称的横幅即可。此外还应准备好剪彩所需要的特殊工具，包括红色缎带、新剪刀、白色手套、托盘和红色地毯等，并确定服务礼仪人员。

在剪彩仪式的关键环节安排上，可以是一个人剪彩，也可以是多人，但通常不应多于五个人。如果剪彩者只有一个人，则应安排其居中站立，如果是多个人，则中间应安排主方和外宾各一人，并请外宾站在主方右侧，其余则依次穿插向两侧安排位置。

剪彩仪式开始后，接待方应先请外宾和主方人员就座。主持人宣布仪式开始后，播放欢快音乐，全体人员热烈鼓掌。随后是主方和外宾先后进行简短发言。最后为剪彩程序。剪彩时，接待者应辅助领导和外宾共同完成，确保剪下的红花图案准确落入服务人员手中的托盘内。完成后，剪彩者可以轻轻举起剪刀，与外宾共同面向到场者致意。随后，在欢快的音乐中，由接待者安排主方和来宾一一握手，互致祝贺之意，并在礼仪人员的引导下退场。

　　无论是庆祝会议还是剪彩仪式，接待人员都要注意个人形象，无论是男士还是女士都要穿着正式的西服套装，服饰应规范，仪容应整洁。参加庆典的任何接待人员都要遵守时间，避免由于个人无心之过而导致整场庆典效果大打折扣，进而影响外宾对主方执行能力的评价。

馈赠送花：礼轻情意重

在涉外接待中，向外宾有所馈赠是很正常的事。接待方馈赠的礼品既有纪念意义，也有宣传价值，如果礼品本身符合外宾的心意，还能更快地拉近彼此的距离。

（一）涉外馈赠

涉外馈赠，要根据外宾特点、关系、场合，结合馈赠目的进行选择。

1. 礼品选择

接待礼品和私人礼品不一样，不能完全以"个人喜好"来作为选择标准，也不是价值越贵重就越好。例如，金银珠宝、古董文玩、名人字画这一类带有资产性质的礼品，都不能入选，因为这些礼品可能因其高价值而引起误解或产生不必要的猜疑。当然，也不能走向另一极端，即随便挑选粗制滥造的物品、过时的库存产品送给对方，否则会让外宾怀疑接待方是否有足够的尊重。此外，食品、药品、保健营养品也不适合作为礼物，因为接待方并不清楚其中成分是否适合外宾的体质，是否存在民族或宗教禁忌。

当然，不同国家和地区的外宾来自不同的社交文化圈，对礼品贵重的判断标准是不同的。欧美等国在相互馈赠礼物时，几乎都只看重礼物的意义，而并非其价格。因此，在为欧美人士准备馈赠礼物时，价格就要相对低一些。相对而言，中东、亚洲、拉美、非洲的外宾，会略微重视礼物的价格，接待方准备的礼物价格就要相对高一些。

2. 特色馈赠

接待方在选择馈赠礼品时，最好选择和主方业务、产品、地域相关的礼品，并注意其独特性。例如某外商前来考察我国一家知名度颇高的大型饮料生产集团，接待方就可以准备外形独特的小瓶饮料，饮料瓶的外观应该来自本集团最著名的产品包装，将这样的礼物送给外宾，既体现出独家定制的心意，又能体现主方特色，还具有纪念意义和宣传作用。

需要注意的是，选择的礼品不能带有商标，否则可能引发外宾反感，或者导致其违背企业或组织内部的纪律。

除了和业务有关的礼物，接待方也可以赠送具有浓厚民族特色的小礼品，包括手工艺品、书籍、画册、日用品等，我国的绣品、瓷器、紫砂茶具、竹制工艺品、纸扇、景泰蓝摆件等，都是深受外宾喜爱的常见礼物。

3. 馈赠时机

接待时的馈赠行为更多表现为双方职业关系，而非私人关系，它既是一种友好的礼仪，同时也是公务和程序的一部分。因此，必须选准馈赠时机。一般而言，在双方洽谈、会议、谈判开始之前，或者这些业务活动结束之后，是馈赠的最好时机。如果在接待过程中赠送，就会显得不伦不类、强人所难。

向外宾赠送礼品时，还应结合馈赠性质来选择具体地点。如果馈赠行为属于正式的、官方之间的馈赠，就应该在公共场合，如会议室、礼堂等地进行。如果馈赠行为偏向于私人赠送，就应该在个人办公室、私人居所赠送。

赠送时，并不是要将礼品交到收礼人手中，这样反而显得过于正式。可以在组织晚宴时，提前放在每位外宾的座位上。

无论赠送何种礼品，都应该事先准备好精美的包装，不能让人一目了然看到赠送什么，这属于对外宾的不尊重。一般而言，大多数国家喜欢用彩色的包装纸加上丝带来包扎礼物。

在赠送礼品之后，要介绍一下礼品的来源、价值、用途和含义，尤其突出其与众不同，从而加深外宾对馈赠的印象。

（二）鲜花馈赠

在向外宾赠送礼物时，鲜花也是常见的选择。花卉有着纯洁美好的寓意，可以专门赠送，也可以提前放置在外宾住处。但赠送花卉时，有很多讲究需要注意。

一般情况下，送花时要送单数，例如3、5、7枝的数量都很适宜。相比数量，花卉品种的讲究更多一点儿，这是因为不同国家和民族有着不同的鲜花禁忌。

避开禁忌：别让细节毁了接待

全球各地有着各式各样的禁忌文化，这些文化大多受到其地域、民族、宗教、政治、历史等多方面因素的长期影响。在涉外接待中，接待者不仅要尊重法律法规、国际惯例，也要主动了解国外宾客的各类禁忌，尽量规避可能引起禁忌的因素，避免由于跨文化交往而产生冲突。

（一）数字禁忌

世界上许多民族都有不同的数字禁忌。广为人知的数字13禁忌，源于西方宗教传统，该数被欧美人士所忌讳，在亚洲的新加坡、阿富汗、巴勒斯坦，非洲的埃及、加纳等国家，也存在同样的影响。根据这一传统文化影响，人们不愿意在开会、进餐时13人同一桌，也不喜欢上13道菜，汽车牌照、门牌、楼层等编号也避免13，而是用12A、12B代替。这一禁忌也影响了西方的社会经济生活，很多人不喜欢在13日这一天接到新的任务或者开始新的工作，远洋轮船也不在这一天起航，旅行者则不愿意在这一天上路。尤其是13日与星期五同一天时，禁忌感更为严重。

在儒家文化影响深远的东亚文化圈内，很多国家和地区都忌讳"4"这个发音，尤其以日本人为显著。日本人还忌讳6这个数字，因为它代表了"强盗"的意思。

（二）颜色禁忌

颜色禁忌同样是重要的禁忌内容。在亚洲，白色往往代表死亡，日本人尤其忌讳黑白相间，摩洛哥外宾同样忌讳白色，这是因为它代表着贫困。在西欧的法国、比利时，人们比较忌讳墨绿色，因为这种颜色容易让他们想到"二战"时期举国沦陷的日子。英国人则不喜欢橄榄绿，这种颜色同样容易唤起他们对战争的不幸回忆。

值得一提的是，在东亚文化圈被十分看重的黄色，在西方基督教文化圈的国家却往往被讨厌。除此之外，德国人尤其忌讳红色，他们认为这种颜色过于激烈，代表着不祥。此外，欧美外宾还普遍不喜欢黑色，认为全黑色的打扮是丧礼专用服装。

（三）行为禁忌

在社交生活中，欧美外宾有在住处的室内随意摆放个人行李、服装的习惯，但却非常忌讳别人随意翻动，即使是"帮忙整理"也不可以。同样，欧美老年人也绝不愿意接受他人搀扶，在他们看来，这种行为意味着对其健康状况和自理能力的质疑，是一种很不礼貌的表现。

（四）商业禁忌

西方有着漫长的商业发展历史，相关禁忌文化也得到不断培育和发展，并随着西方商业力量的扩张，在全世界产生了较大影响。

初次见面洽谈业务，西方人最忌讳不守时、送礼物。第一次见面必须守时，以说明十分看重合作机会，但送礼物并不能传递尊重，只有双方熟悉了才合适。由于西方人看重效率，因此他们不会因为双方是第一次见面，就不谈生意和业务，相反，他们很可能开门见山，直接开始聊实质性问题，而接待方也没有必要在话题外围兜圈子。

在和外宾沟通聊天时，也要注意选择正确的话题，规避那些禁忌话题。关于皇室、政治、军事、民族自治之类的话题，都不应随便作为谈资。相比之下，天气、动物、旅途等，是各国外宾都喜欢谈论的话题。

无论初次沟通气氛有多好，接待方都要注意避免滔滔不绝、高谈阔论。此外，坐姿也是需要注意的细节之一，应避免随便跷二郎腿、将两腿张开，或者抖动手脚等不礼貌的坐姿习惯。保持端正的坐姿，展示出自己的专业和礼仪，能够给对方留下良好的印象。

在沟通时间上，东西方礼仪习惯也有截然相反的地方，需要接待者加以适应和变通。例如，欧美人很看重公务和私事之间的分界线，他们认为在正常上班时间如工作日白天开会、谈判都是合适的，但如果没有紧急事务，就不适合在周末或晚上进行。但日本人和韩国人对此并没有太大区分，他们甚至可以整个夜晚都花在沟通上，地点也可以在酒吧、KTV，甚至浴池里。如果初来乍到的欧美外宾见到这一幕，会感到难以理解，他们很忌讳个人生活与工作事务混为一谈，而是坚持认为工作问题就应该到办公室讨论，以此确保自己是理性公正的。

宾至如归：食宿以合适为佳

在涉外接待过程中，外宾的食宿水平应以合适为佳，让对方体会到"宾至如归"，这就是最高的礼仪。

（一）住宿安排

如果是接待方以主人身份为外宾安排住宿，需要注意以下问题。

1. 生活习惯

在安排住宿之前，应充分了解外宾的生活习惯。不同国家有不同风俗，每个人的生活习惯也不同，但总体而言，个人卫生是不容忽视的问题。因此，随时能洗热水澡、能私密使用的卫生间，是最基本的要求。如果在此基础上，还有浴缸、智能盥洗设备等，则更体现接待方的热情。

2. 住宿地点

对外宾的住宿地点应慎重安排。一般而言，应当安排在条件优越、距离接待方较近的星级酒店里。酒店的具体选择标准除了应参照外宾的国籍、风俗和生活习惯，还应当考虑经费预算、接待能力、酒店的口碑与服务质量、周边的环境、交通是否方便等。

3. 适当关心

即便星级酒店服务到位，接待方还是应适时表达对外宾住宿环境的关心。例如，外宾首次入住后，应到现场询问了解是否存在问题，以帮助外宾和酒店进行沟通。又如，每天见面寒暄，可以询问外宾晚间休息情况，了解是否存在噪音等问题，并及时和住宿管理方取得联系，加以协调解决。当然，这种关心照顾应以不妨碍外宾的休息为准，以不限制对方的个人自由为上限。

（二）餐饮安排

涉外西餐宴会是一种很好的交往形式，能帮助接待方有针对性地招待来自全球的朋友，也是涉外接待人员所必须了解的礼仪常识。

宴请外宾，种类有很多，常见的包括招待会、工作餐。

1. 招待会

招待会是一种不需要准备正餐的涉外宴请方式，例如业务招待会、年会招待会等，只需要准备酒类、饮料、水果、糕点等方便食品，通常不需要安排座位，双方参加人员可以在席间来回自由走动，拿取饮料和食物，并进行交谈沟通。招待会形式自由，规模多样，花费时间较少，而实质沟通较多，是外宾很喜欢的宴请方式。

常见的涉外招待会主要有两种类型。一种是冷餐会，其特点是以冷菜、点心、水果、酒类为主要食品，也可配以少量热食，以保温托盘维持温度。冷餐会上，宾客可以自行在餐桌上拿取餐具、酒具，盛装菜肴、酒水，并自由走动和攀谈，以结识更多朋友。另一种是酒会，又名鸡尾酒会，主要以兑入多种酒精饮料、果汁、香料而形成的混合饮料来招待外宾。通常情况下，每20人应配备一名职业调酒师，除供应各种花式鸡尾酒外，还应准备蟹肉、腊肠、龙虾片、三明治、蜜饯、汉堡等。

招待会通常都在下午或者傍晚进行，通常举行1~2小时。与中餐相比，这种宴请形式没有明确的"核心人物"，每个人都很自由，气氛也和谐轻松，因此能迅速让外宾感受到亲切感。

2. 工作餐

相比招待会，工作餐是现代涉外接待中常见的非正式宴请。对于前来商务洽谈的外宾而言，这种形式的宴请更高效实用、更具有国际化意义。在很多外宾看来，参观、访问的目的最终都是生意合作，对他们来说，只要能够获得足够的食物来满足能量需求，具体形式和内容都不重要。因此，涉外工作餐应本着简便、实惠、营养、健康的原则，通常在小餐厅甚至食堂进行，无须祝酒、致辞、排座、服务等。参加工作餐的人员只限与工作有关者，不邀请陪客、配偶。主客双方可以利用工作餐延续会谈内容，采用边吃边谈的形式，让交流不受拘束，获得良好的接待效果。

在现代社会中，接待已经发展为一种艺术、一门学科、一项事业。无论对于个人还是组织，接待的工作都十分重要。在接待全程中，如果始终能保持真诚、热情、周到的态度，让对方感受到尊重、友好和礼貌，自然能极大地提升他们对主方的信任感，促使双方关系更为接近。

接待质量的提升，是一个社会文化素养和道德品质的具体反映，是一个国家精神风貌的基本表现，也是一个民族文明程度的重要标志。

因此，我们应重视接待工作，不断总结经验，从而提高个人工作素质，提升接待质量，确保接待任务的圆满完成。